Werner und Susanne Schwanfelder
USA - Der Westen

Wohnmobil kompakt
Reisen

Werner und Susanne Schwanfelder

USA - Der Westen

TOUREN ▪ TIPS ▪ ADRESSEN

Motor
buch
Verlag

IMPRESSUM

Einbandgestaltung: Nicole Lechner
Bilder: Werner und Susanne Schwanfelder
Karten: Bernhard Spachmüller, Ingenieurbüro für Kartographie

ISBN 3-613-01876-4

1. Auflage 1998

Lektorat: Joachim Kuch / Rainer Höh
Innengestaltung: Klaus Necker
Druck: Dr. Cantz'sche Druckerei, 73760 Ostfildern
Bindung: Josef Spinner,77833 Ottersweier
Printed in Germany

Seit Jahren gehört der Westen der USA zu den beliebtesten Reisezielen. Hierher zieht es viele Menschen mit Fernweh. Dabei müssen sie auf nichts verzichten. Sie fahren in das Land der unbegrenzten Möglichkeiten. Mag es diese unbegrenzten Möglichkeiten für die Bürger des Landes zwar nicht mehr so unbegrenzt geben, für die Reisenden existieren sie immer noch. Unbegrenzt scheint zum einen die wunderbare Landschaft des Westens: Von den Wüsten im Süden bis zu den Wäldern mit Norden, von den trockenen Canyons bis zu den schneebedeckten Bergen, von den weiten Ebenen bis zu den zerklüfteten Ufern des Pazifik. Von einfachen Western Towns zu den Metropolen San Francisco, Los Angeles oder Seattle: Die Wahl ist in der Tat eine ausgesprochene Qual. Da man nicht alle Sehenswürdigkeiten in einem Urlaub besuchen kann, muß man auswählen. Dabei soll dieses Buch eine Hilfestellung leisten. Der Westen der USA wird in fünf Routen vorgestellt. Man kann jede Route für einen Urlaub alleine nutzen, man kann die Routen aber auch kombinieren.

Unbegrenzt zum anderen auch die vielen Möglichkeiten des Reisens. Doch nur eine Art des Reisens ist diesem Land auf den Leib geschrieben: das Reisen mit dem Wohnmobil. Es bietet die größtmögliche Ungebundenheit. Man kann dorthin fahren, wohin man möchte, kann stehen bleiben, zusehen, genießen, so lange wie man möchte.

Und die unbegrenzten Möglichkeiten findet man auch wieder im Komfort des Angebots. Da bleibt kein Wunsch unberücksichtigt, da kann man sich wie zu Hause fühlen (oder noch besser). Nicht nur das Wohnmobil bietet Luxus, auch die Übernachtungsplätze, die Versorgungseinrichtungen, die Straßen und die Supermärkte. Somit ist die USA für den Reisenden in der Tat das Land der unbegrenzten Möglichkeiten auf dem Niveau höchsten Komforts.

Lediglich etwas Vorbereitung erfordert die Reise, daß man auch die richtige Wahl trifft.

Der Camper muß gebucht werden – rechtzeitig, dann ist der Camper noch billig. Die Routenplanung muß festgelegt werden, damit man weiß, wo man den Camper übernehmen muß, wie lange man das Fahrzeug benötigt.

Zur Vorbereitung und damit zur Planung ist dieses Buch gedacht, damit die Reise rundum gelingen mag.

TIOGA
TIOGA
ENJOY LIFE

MIT DEM WOHN-MOBIL DURCH DIE USA

Wo die Freiheit fast grenzenlos ist

Die Weite des amerikanischen Westens läßt sich im Wohnmobil am besten er-fahren.

Wie soll man die Weiten des amerikanischen Westens entdecken, wie durch das große Land fahren?

Keine Frage: Kein anderes Land der Welt eignet sich so gut für eine Entdeckungsreise mit dem Wohnmobil. Viele solche Fahrzeuge sind auf den Straßen unterwegs, sie gehören sozusagen ins Straßenbild des Westens.

Viele pensionierte Amerikaner haben sich ein Wohnmobil gekauft und bereisen nun das Land, holen das nach, was sie während ihrer Berufszeit aus Zeitgründen nie unternehmen konnten. Und viele Touristen aus aller Herren Länder machen es ihnen nach. Sie mieten für die schönsten Wochen des Jahres ein Wohnmobil und lassen sich von den Naturwundern Amerikas begeistern.

Zwei Welten treffen sich: Ranchland und die Vagabundenleben von heute. Für kurze Zeit begegnen sie sich. Solche Kontraste sind typisch für Amerika. Kein stört sich daran.

Das Wohnmobil ist geschaffen, die Freiheit des Landes zu erleben. Man kann sich wie die Pioniere fühlen, die aufbrechen das Land zu erobern. Man fährt los, ist frei und ungebunden. Man bleibt stehen, wo immer man möchte, man verweilt, so lange man möchte. Und irgendwann bricht man wieder auf.

Wie mietet man welches Wohnmobil?

Es gibt viele Arten von Wohnmobilen, angefangen von umgebauten Lieferwagen über Pick-ups bis zum Camper und Mobilehome. Auch einen Gattungsbegriff haben sie: RV, Recreational Vehicle.

Für den deutschen Besucher bietet es sich an, das Wohnmobil über einen deutschen Veranstalter zu mieten. Damit hat man den Vorteil, daß man in den Genuß des deutschen Reiserechts kommt und daß die notwendige Organisation auf ein Minimum beschränkt bleibt. Und außerdem: Mietet man das Wohnmobil in Deutschland kommt es billiger, als wenn man sich mit einem Vermieter in USA herumschlägt. Die deutschen Veranstalter lassen ihre Kunden teilweise an ihren Rabatten partizipieren. Die Anschriften der wichtigsten deutschen Reiseveranstalter findet man im Anhang.

Eines sollte man auf jeden Fall berücksichtigen: Rechtzeitig buchen, insbesondere wenn man in der Saison fährt. Will man in den deutschen Sommerschulferien verreisen, sollte man bereits vor Weihnachten buchen. Dann kommt man in den Genuß von Frühbucherrabatten.

Man geht also zunächst in ein Reisebüro und läßt sich einen Katalog über Camperreisen in den USA geben. Diesen kann man in Ruhe ordentlich durcharbeiten.

Also, was muß man alles wissen?

Der Camper oder das RV, das Recreational Vehicle:

Ein *Pick-up-Camper* ist ein kleiner robuster Lastwagen (truck), auf den ein Wohnteil aufgesetzt wurde. Es ist zwar abnehmbar, aber wiederum nicht so einfach, daß man dies am Campingplatz durchführen könnte. Zwischen Führerhaus und Wohnteil gibt es keinen Durchgang.

Unter *Camper* versteht man den europäischen Campingbus, ein zum Wohnmobil umgebauter Lieferwagen, meistens mit erhöhtem Dach, so daß man im Wagen auch stehen kann.

Das *Motorhome* ist ein zum Wohnen entworfenes Fahrzeug, das den größtmöglichen Komfort bietet. Führerhaus und Wohnteil gehen ineinander über bzw. bilden eine Einheit. Während der Fahrt kann man auch im Wohnraum sitzen.

Fährt man mit der ganzen Familie in den Urlaub, sollte man ein Motorhome wählen. Es bietet die besten Voraussetzungen für einen genußvollen Urlaub. Die Fahrzeuge unterscheiden sich natürlich in Konstruktion und Ausrüstung voneinander. Mittlere und große Motorhomes bieten alle die folgende Ausrüstung: Sitz- und Eßplatz für vier bis sechs Personen (als Bett nutzbar), großes Doppelbett über dem Führerhaus (Alkoven), häufig separates Doppelbett im hinteren Teil des Fahrzeugs, WC- und Duschraum, fließend Kalt- und Warmwasser und Klimaanlage. Die Küche ist ausgerüstet mit Gasherd, Backofen, Grill, Kühlschrank und Spüle. Auch das Fahrzeug läßt keine Wünsche offen. Es hat ABS, Bremskraftverstärker, Servolenkung, Tempomat und Automatik. Das sind aber noch nicht die Grenzen der Ausstattung. Ein Farb-TV oder ein Mikrowellenherd sind natürlich auch vorstellbar.

Damit die Fahrzeuge bei dieser Ausstattung auch noch eine vernünftige Geschwindigkeit auf die Straße bringen (120 km/Std. erreichen sie durchaus) benötigen sie große Maschinen und müssen mit viel Benzin (gas) gefüllt werden. 25 bis 30 Liter auf 100 km sind keine Seltenheit. Aber das Benzin ist im Land der unbegrenzten Möglichkeiten billig und belastet die Reisekasse nicht so sehr.

Es gibt einige große Vermieter in den USA, die man auch in den Katalogen der deutschen Reiseveranstalter wiederfindet. Cruise America ist der größte Vermieter überhaupt. Er verfügt über 18 Mietstationen in Kanada und USA und einer Flotte von 4000 Fahrzeugen. In vielen Mietstationen übernehmen die Einweisung deutsche Mitarbeiter. El Monte hat sein Hauptquartier in Kalifornien. Über 1700 Fahrzeuge hat der Vermieter im Programm. Bei El Monte gibt es an jeder Vermietstation auch deutschsprachiges Personal für die Einweisung.

Im Westen der USA sind die größten Mietstationen in Los Angeles und San Francisco. Aber auch in Seattle, Las Vegas, Salt Lake City, Phoenix und Albuquerque ist eine Camperübernahme möglich.

Natürlich gibt es noch viele lokale Anbieter. Bei diesen sollte man jedoch nur buchen, wenn man sich im Land auch auskennt.

Vor der Reise steht die Planung

Hat man die Auswahl des Campers geklärt, muß man zunächst eine grobe Reiseplanung vornehmen, um auch die Kosten der gesamten Reise kalkulieren zu können. Stellt sich zuerst die Frage, ob man eine Rundreise unternehmen will oder lieber »one way« fährt, also das Fahrzeug an einer anderen Stelle wieder abgibt als man es übernommen hat. Dafür sind Zuschläge zu bezahlen. Fast wichtiger ist aber die Tatsache, daß man die Koffer auf die ganze Reise mitnehmen muß. Bei einer Rundreise kann man sie beim Reiseveranstalter unterstellen.

Dann muß man überprüfen, in welchen Städten man den Camper übernehmen kann.

In den großen Metropolen wie San Francisco und Los Angeles sind alle großen Campervermieter vertreten. Da sind auch die Preise am niedrigsten, denn Konkurrenz belebt angeblich das Geschäft – und senkt die Preise. In anderen Städten ist gegebenfalls nur ein Vermieter präsent – und nutzt seine Monopolstellung auch aus. Also vielleicht richtet man seine Reiseplanung danach aus.

Beim Vergleich der Mietpreise muß man beachten, ob »free milage« enthalten ist bzw. wieviel Meilen bereits im Preis eingeschlossen sind. Bei manchen Vermietern muß man auch Meilen-Pakete kaufen (also 500 oder 1000 Meilen). Das bedeutet wieder einmal, ehe man den endgültigen Preisvergleich machen kann, muß man wissen, wieviele Meilen man ungefähr fahren will. Wieder steht die Reiseplanung im Vordergrund.

In diesem Buch haben wir einige Reiserouten beschrieben, die Fahrtstrecke angegeben und die Übernahmestationen für den Camper genannt.

Der Preisvergleich

Hat man die Reiseroute so einigermaßen festgelegt, kann man sich dem Preisvergleich widmen. Neben Fahrzeugmiete und Meilen, muß man sich um die Versicherung kümmern.

Fast alle Vermieter haben eine CDW-(Collison Damage Waiver-) Versicherung im Preis eingeschlossen, die eine Kaskoversicherung darstellt ohne jedoch die Schäden am Dach und am Unterboden und Glasschäden zu decken. Will man diese ebenfalls decken, schließt man eine VIP-(Vacation Interruption Protection) Versicherung in der Mietstation ab. Diese trägt alle weiteren Schäden.

Zusätzlich zum Mietpreis wird häufig eine Einrichtungspauschale verlangt, mit der die Füllung des Gastanks und die Sanitärflüssigkeit für die Toilettenanlage abgegolten ist. Hinzu kommt schließlich noch das sogenannte Convenience Kit. Das ist die Ausstattungseinheit pro Person, also Bettzeug, Decken, Geschirr und Töpfe, was halt so alles dazu gehört: Also bei der Bestellung mitbuchen. Dann ist das Fahrzeug komplett ausgerüstet. Wenn man das Fahrzeug wieder abgibt, muß man mit einer Renigungspauschale rechnen.

Schließlich sollte man sich noch überlegen, ob man einen Generator benötigt. Der Generator stellt während der Fahrt die Stromversorgung, insbesondere für die Klimaanlage im Fahrgastraum sicher. Wenn man durch Wüstengebiete fährt, sollte man unbedingt einen Generator buchen.

Bei manchen Mietern kann man auch in US-$ abschließen. Dann trägt man selbst zwar das Währungsrisiko aber übernimmt keine Kalkulationszuschläge der Anbieter.

Checkliste für den Preisvergleich

Beschreibung	**Vermieter 1**	**Vermieter 2**
Campmobil: • Welche Größe? • Wieviel Schlafgelegenheiten? • Wieviel Sitzgelegenheiten am Tisch? • Wieviel Tage ist man unterwegs? • Gibt es unterschiedliche Übernahmemöglichkeiten? • Preisunterschiede?		
Meilen: • Sind die Meilen (wieviele) im Mietpreis des Campers enthalten (free mileage)? • Wieviele Meilen sind nicht enthalten? • Was kostet die Meile? • Mehrkosten wegen one-way-Miete		
Versicherung: • CDW • VIP • Wieviel Tage?		
Zusatzkosten für die Ausrüstung: • Erstausstattung des Fahrzeugs • Covenience Kit je Person • Reinigungspauschale bei Abgabe des Fahrzeugs • Kosten für den Generator (je Tag oder je Betriebsstunde)		
Summe		

Das Paradies für Wohnmobilisten

Die Versorgung in USA ist kein Problem, der Vermieter empfiehlt den nächsten Supermarkt. Dort kann man sich mit allem Notwendigen eindecken. Am besten man macht sich noch zuhause eine Liste für den ersten Großeinkauf. Dann ist man vorbereitet und vergißt nichts. Und Supermärkte gibt es überall in den USA, selbst in der kleinsten Stadt. Die Versorgung ist überall gewährleistet.

Auch die Übernachtung ist gesichert. In USA gibt es ausreichend Camping- und RV-Plätze im ganzen Land. Der größte Verbund von privaten Campingplätzen ist KOA (Kampgrounds of America). Die Campingplätze sind gut ausgerüstet, insbesondere auch mit Waschmaschinen, wenn man die Kleidung auffrischen muß. Die Plätze kosten zwischen 15 und 35 US $ je Nacht. Wesentlich billiger (zwischen 7 und 12 US $ die Nacht) und landschaftlich noch schöner sind die RV-Sites in den National Parks und in den State Parks. Man kann zwar in vielen Parks nicht reservieren, aber normalerweise findet man noch immer ein Plätzchen. Deshalb haben wir in den Routenbeschreibungen immer auf diese Campingplätze hingewiesen.

Die Stellplätze sind weitläufig, kein Nachbar stört, Tisch und Bänke laden zum Abendessen ein. Ein Grill und ein Platz für das Lagerfeuer sind selbstverständlich. Nur das Holz und natürlich das Fleisch muß man selbst mitbringen. Beides allerdings erhält man in jedem Supermarkt.

Und noch ein Wort zur Ver- und Entsorgung des Fahrzeugs: Auch das ist in USA vollkommen unproblematisch. Jeder Campingplatz hat eine »dump station«. Dort kann man problemlos Abwasser und Toilette entleeren und Frischwasser aufnehmen. Will man längere Zeit an einem Platz bleiben, empfiehlt sich eine »full serviced« site. Hier befinden sich Entsorgungs- und Versorgungsleitungen direkt am Platz.

Welche Kosten kommen auf den Urlauber noch zu?

Natürlich sind mit dem Camper nicht alle Kosten abgedeckt. Die Flugkosten schlagen selbstverständlich auch zu Buche. Muß man in der Saison fahren, wird das ganze Unternehmen teuerer. Weiterhin muß man die Transferkosten berücksichtigen (vom Flughafen zum Hotel und umgekehrt am Ende der Reise vom Hotel zum Flughafen). Die erste Nacht nach dem langen Flug sollte man vielleicht in einem Hotel zubringen und sich zunächst erholen. Am nächsten Tag läßt man sich vom Campervermieter abholen. (Dieser Service ist meist im Preis eingeschlossen.) Auch auf der Rückreise bietet es sich an, die letzte Nacht

Checkliste Kosten

Beschreibung	**Kosten**
Kosten für die An- und Abreise: • Anreise zum Flughafen in Deutschland: Bahn, Leihwagen, Taxi – und zurück • Flug: Wieviele Personen? Kinder? Sonderpreise? • Transfer vom Flughafen zum Hotel: Taxi – und zurück • Transfer vom Hotel zum Campervermieter – und zurück: ist meistens im Mietpreis eingeschlossen	
Hotelübernachtung: • erste Nacht und letzte Nacht	
Camper: Gesamtmiete (siehe Summe Preisvergleich)	
Reisekosten: • Benzinkosten • Übernachtungskosten auf RV-Plätzen • Verpflegungskosten • Eintritte	
Sonstiges: • Restaurantkosten • Kosten für Theater und Konzerte • Ausflugsfahrten mit Schiff, Cable Car etc. • Souvenirs	
Versicherungen: • Reiserücktrittsversicherung • Auslandskrankenversicherung • Diebstahlsversicherung	
Summe	

in einem Hotel zu verbringen und vielleicht am Abend noch einmal gepflegt essen zu gehen.

Versicherungen nicht vergessen: Reiserücktrittsversicherung, Diebstahls- und Auslandskrankenversicherung sollte man abschließen.

Die Kosten im Land sind im Vergleich nicht so hoch. Die Lebenshaltungskosten in USA (natürlich ist das auch vom Wechselkurs abhängig) sind gleich hoch oder niedriger als in Deutschland. Während der Reise fallen Verpflegungs- und Übernachtungskosten an und die Benzinkosten für den Camper. Aber die sind in USA ausgesprochen billig, so daß man sich mit gutem Gewissen auch größte Spritschlucker leisten kann.

Ein Kostenfaktor sind Eintritte, wenn man Museen und Freizeitparks besuchen will. Auch die Nationalparks kosten Eintritt. Am besten man kauft beim ersten Nationalpark den GOLDEN EAGLE PASSPORT. Dieser ist ein Jahr gültig und berechtigt zum kostenlosen Eintritt in alle Nationalparks.

Welche Papiere werden benötigt?

Die Urlaubsfahrt nach USA ist heute recht einfach geworden. Man benötigt zwar noch ein Visum, aber dieses wird einem bei der Einreise ohne Probleme in den Paß gestempelt. Lediglich der Paß sollte noch mindestens ein halbes Jahr Gültigkeit haben.

Für die Übernahme des Campers genügt ein deutscher Führerschein – allerdings muß der Fahrer 21 Jahre alt sein.

Bezahlen kann man in USA mit Kreditkarten oder Traveller Cheques. Besonders letztere Zahlungsart ist recht angenehm. US $-Traveller Cheques werden überall zur Zahlung angenommen. Die Differenz erhält man bar auf die Hand, so ist man auch ständig mit Bargeld versorgt.

Noch ein Tip: Man sollte von allen Dokumenten eine Kopie anfertigen und getrennt von den echten Ausweispapieren aufbewahren. So kann man sich im Fall des Falles immer noch ausweisen. Es ist relativ leicht, Ersatzpapiere zu erhalten.

Nun ist alles vorbereitet und es kann los gehen. Wir wünschen eine schöne und interessante Reise.

Go west!

DIE CANYON-ROUTE

Wo die Welt entstand

Von der Metroploe San Diego durch Wüstenland in die Traumstadt Las Vegas. Über die Nationalparks Zion und Bryce Canyon zum atemberaubenden Grand Canyon. Schließlich die Wüstenstädte Tucson und Phoenix. Durch Kakteenlandschaften zurück nach San Diego. Und zum Einkaufsabstecher nach Tijuana.

San Diego: Spanien liegt in der USA

Wir sind in USA – und auch wieder nicht: San Diego war und ist eine spanische Stadt, und das nicht nur, weil sie von den Spaniern besiedelt wurde. Auch heute sprechen viele Einwohner, ob sie nun legal oder illegal in der Stadt leben, spanisch. Gründer der Stadt (sie gilt als Geburtsort Kaliforniens) war 1542 der Portugiese Juan Rodriguez Cabrillo; später (bis heute) siedelten die Nachkommen der Spanier. Sie fühlen sich wohl in ihrem San Diego. Die Stadt ist von der Sonne verwöhnt und breitet sich malerisch am Meer aus. So fahren wir auf den breiten Boulevards direkt am Meer entlang, das von Palmen und Yuccas gesäumt ist. Hier genießt man die Sonne, schwingt sich ab und zu auf das Surfbrett, hier gehört Müßiggang zur Lebensphilosophie. Wer mag's verdenken. Kommen die wirklich Großen der Welt zu Besuch nach San Diego, steigen sie im Hotel del Coronado ab, eine viktorianische Holzkonstruktion auf der

In Sea World von San Diego werden viele Kunststücke mit Delphinen vorgeführt. Man sollte einen Besuch auf jeden Fall einplanen.

gleichnamigen Halbinsel. Auch downtown, im Gaslamp Quarter, fallen die viktorianischen Fassaden auf, die rechtzeitig unter Denkmalschutz gestellt wurden. Im Frühling tauchen die intensiv duftenden Blüten der Jacarandabäume das ganze Viertel in lila und blau. Den Besuchern empfiehlt die Stadtverwaltung den Balboa Park, die Amüsier- und Museumsmeile der Stadt. Besonders am Wochenende pulsiert hier das Leben. Viele Straßenkünstler sorgen für Unterhaltung, fahrende Garküchen versorgen rasch die Scharen der Schaulustigen. Und sonst? Weltruf hat der San Diego Zoo und für die Dressur gerühmt ist Sea World, wo Delphine und Killerwale ihre schier unglaublichen Kunststücke zeigen.

Ruhige Wüste und laute Oasenstädte

Gleich hinter der Stadtgrenze beginnt die Wüste; nicht gegensätzlicher könnte sich die Landschaft wandeln. Von den saftig-grünen Stadtparks zur Einöde der Anza-Borrego Wüste. Sie ist nicht immer staubig-grau. Im Frühjahr zaubert die Natur eine bunte Decke von blühenden Kakteen und Wildblumen über den beigen Sand. Noch ein Kontrast: Früher waren die Menschen froh, wenn sie der Wüste entkamen, heute ist es modern, sich in die Wüste zurückzuziehen und sei es auch nur schnell auf einen Drink. Die Zivilisation ist viel zu nahe. Da liegt am Rande der Wüste Palm Springs, das sich als Wüstenferienparadies vermarktet und mit Informationen über Stars und Sternchen aus dem nahen Los Angeles nicht spart: Fast immer findet man in Palm Springs die Leinwandhelden. Nicht übersehen kann man den Reichtum, der sich nicht in Gold und Silber ausdrückt, sondern im Grün der saftigen Vorgärten und im Blau der wasserstrotzenden Swimmingpools. Wasser ist Reichtum und Kontrast zur Wüste. Sehenswertes? Der Geschichte nachspüren kann man im Village Green Heritage Center, über Wüstenflora kann man sich im Moorton's Botanical Garden aufklären lassen und 2000 Jahre alte Fächerpalmen findet man im Agua Caliente Indian Reservation. Palm Springs ist nun eigentlich die Stadt zum Relaxen. Hier fühlen sich Senioren wohl, die ihren Lebensabend unter Palmen verbringen, ebenso die crazy kids von Los Angeles, die auf den Straßen schon mal aufdrehen und über die Stränge schlagen. Trotzdem, Palm Springs ist zweifelsohne eine Geschmacksfrage.

Das Joshua Tree National Monument wurde 1936 zum Schutz der Wüstenvegetation eingerichtet. Besonders beeindruckend ist diese Wüstenregion, weil sie tief (wie die Colorado Wüste im Süden) und hoch (wie die Mojave Wüste im Norden) liegt. Bis zu 1500 Höhenmeter liegen

Steine, Sand und Kakteen bilden die Landschaft gleich hinter der Stadt San Diego. Der Gegensatz könnte nicht größer sein.

dazwischen. So verwundert es auch nicht, wenn Granit-Monolithen den Weg säumen. Die wichtigste Pflanze ist eine Yucca-Palme, deren Äste bis neun Meter lang werden können. Die Mormonen gaben der Palme den Namen Joshua Tree – und so heißt auch der Nationalpark. Die amerikanischen sportsmen wandern und klettern gerne im Park. Wer ihnen nacheifern will, muß feste Kleidung tragen und einen reichlichen Wasservorrat mitnehmen.

Die Grenze zu Arizona erreicht man am Colorado River. Der Parker Dam staut seit 1938 den Fluß auf und ermöglichst so weiter flußaufwärts einen bizarren amerikanischen Traum. In Lake Havasu City wohnt der Industrielle Robert McCulloch, der in den 70er Jahren angeblich während einer Fernsehsendung erfuhr, daß in London die London Bridge zum Verkauf stand. Kurz entschlossen kaufte er sie für 2,4 Millionen Dollar und ließ sie hierher in die Einsamkeit Arizonas transportieren und wieder aufstellen. Sie avancierte angeblich zur zweitwichtigsten Sehenswürdigkeit (nach dem Grand Canyon) von Arizona. Heute treffen sich hier viele britische Touristen auf den verkauften Spuren ihrer Vergangenheit. (Dazu erzählt man ironisch von einem schwerwiegenden Versehen: Eigentlich wollte man die Tower Bridge kaufen, aber aus Versehen wurde nur die London Bridge eingepackt.)

Beeindruckender ist aber dennoch der Hoover Dam (221 Meter hoch, 373 Meter breit) im wahrsten Sinne seiner gigantischen Maße. Er entstand in den 30er Jahren im Rahmen eines Arbeitsbeschaffungsprogramms. In Boulder City kann man sich in einem Visitor Center über den Hoover Dam und über die Lake Mead National Recreation Area informieren. Dieser 185 km lange See mit Sandstränden, Badeorten und einer Vielzahl von Wassersporteinrichtungen wirkt irgendwie unpassend in der Wüsteneinöde. Wer Zeit hat, kann eines der luxuriösen Hausboote mieten und auf dem See Kapitän spielen.

Las Vegas: Wo das Geld winkt

Und dann ziehen wir in Las Vegas ein, der unwirklichsten Stadt Amerikas, die nur hier in der Wüste existieren kann und vielleicht doch nur eine Fata Morgana ist. Dem Besucher sei garantiert, daß er aufregende Stunden am Las Vegas Strip erlebt bis er fluchtartig die Stadt wieder

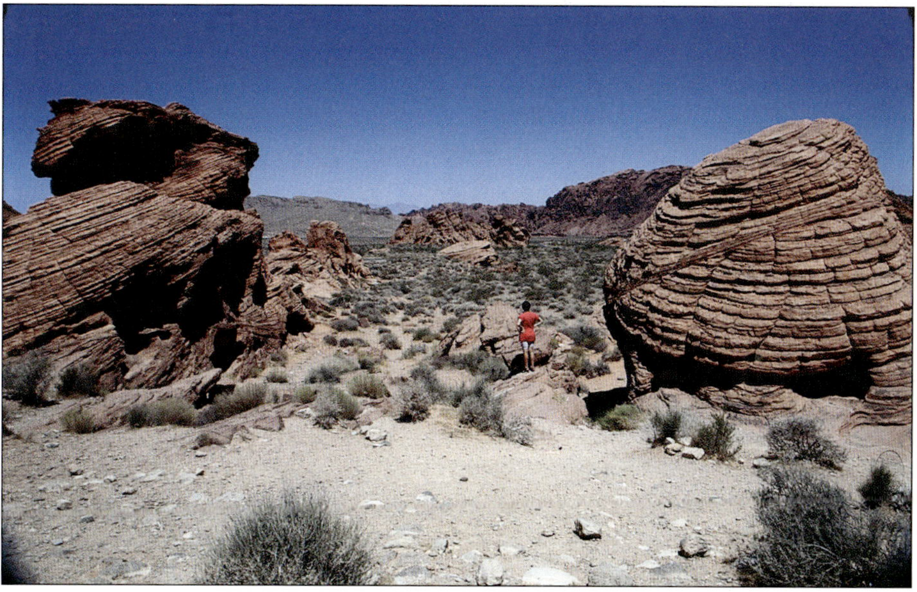

Rot glitzern die Felsen in der Sonne, die wie Feuer auf die ausgelaugte Erde herunterbrennt.

verläßt. Futuristische Kasinopaläste mit angeschlossenem Hotel bescheren jedem eine Traumwelt von Pharaonenpyramiden bis Zauberschloß.
Immer neue Überraschungen reizen alle Sinne: vom spektakulären Vulkanausbruch bis zur Zirkusnummer und zum superbilligen, superköstlichen Buffet. In Las Vegas ist alles billig, verführerisch billig und dient nur dem einzigen Zweck, den Besucher in den Bann von Slot Machines, Roulett und Black Jack zu locken. Stammkunden wird sogar kostenlos der Bourbon an die Slotmaschine gebracht, damit sie nicht, niemals aufstehen müssen. So zocken sie die ganze Nacht und den ganzen Tag.

Irgendwann entflieht jeder ganz erschöpft dem Bann der Stadt. Im Valley of Fire State Park kann er inmitten unberührter Natur wieder zu sich kommen. Die mindestens 50 Meter hohen Felsblöcke, an denen

sich Wind und Wasser bildhauerisch betätigt haben, glänzen in rot und braun – Schattierungen, die wie loderndes Feuer im Abendlicht aufflammen.

Ganz unberührt war die Gegend in der Vergangenheit nicht. Die Anasazi-Indianer haben ihre Felszeichnungen hinterlassen. Wer hitze- und wüstenmüde ist, hat nur wenige Kilometer zum Lake Mead. Dort kann er ausruhen, baden, sich erfrischen.

Hinter dem Casinokomplex Circus Circus befindet sich ein großer RV-Platz, komplett mit allen Versorgungsleitungen ausgestattet. Hier parken die großen Wohnmobile. Tagsüber geht's in die Casinos.

In St. George erhebt sich der strahlend weiße Mormonentempel. Man kann sich von freundlichen Mormonen über ihre Religion aufklären lassen.

Im Herzen des Mormonenstaates

St. George ist eine richtige saubere amerikanische Stadt, wirklich schmuck und aufgeräumt – und dann fällt es einem ein: St. George ist Mormonenland. Hier ist der strahlend weiße Mormonentempel das architektonische und inhaltliche Zentrum von Stadt und Bevölkerung. 1861 wurde die Stadt von den Mormonen gegründet, hier entstand 1877 ihr erster Tempel in Utah. Wie in Amerika immer und überall, gibt es auch ein Visitor Center im Tempel. Freundlich sind die Mormonen, aber auch hartnäckig. Sie entlassen

Im Zion National Park befinden wir uns in Mormonenland. Der »weinende Felsen« sprüht Wassertropfen ins Tal.

den Besucher nicht so schnell aus ihrer Betreuung.

Den Mormonenspuren können wir in den Zion National Park folgen. Sie vergaben nicht nur für den Park, sondern auch für die bizarren Feldformationen biblische Namen. Der Park bietet vielfältige Natur: enge Canyons und leuchtend rote Steilwände, dunkle Höhlen und versteckte Wasserbecken, Ausblicke und Einblicke gleichermaßen. Auf der Weiterfahrt muß man einen Tunnel passieren, 1930 fertig gestellt, eine Meisterleistung der Ingenieurkunst – nur für große Campmobile etwas unpraktisch. Damit sie passieren können, muß der Gegenverkehr gestoppt werden und dann wanken die Ungetüme vorsichtig in der Tunnelmitte dahin. Die Rancher haben die Situation bestens im Griff. Hinter dem Tunnel befindet sich der vielleicht merkwürdigste Felsen des Parks, die Checkerboard Mesa. Wind, Wasser und Frost haben seine Oberfläche in ein Schachbrettmuster verwandelt.

Die steil aufragenden Felsen inspirierten die Mormonen. Sie erinnerten sie an ihr neues göttliches Reich. Hier fühlten sie sich in der Nähe ihrer Urväter.

Durch das Canyon-Land

Nur einen (amerikanischen) Sprung weiter nordwärts liegt der Bryce Canyon National Park, der mit neuen, aber ebenso spektakulären Eindrücken aufwartet. Es ist eigentlich kein Canyon, sondern der Abbruch eines Hochplateaus, der vielfach skurril geformte Felsformationen er-

Nächste Seite:
Die skurril geformten Felsformationen prägen den Bryce Canyon National Park. Besonders schön ist es am Spätnachmittag wenn die Sonne die ersten Schatten wirft.

schaffen hat. Nadeln gleich, filligran und elegant, recken sich die Felsendome dem Licht entgegen. Pflanzen sind sie ähnlicher als tauben Steinen. Aufregend ist eine Wanderung direkt an der Abbruchkante entlang: Rim Trail.

Der Weg nach Süden führt uns durch den Coral Pink Sand Dunes State Park mit rötlich schimmernder Wüstenlandschaft und dann zum Grand Canyon (North Rim). Man fährt durch dichte Wälder, saftige Wiesen voller Blumen... Das soll der Grand Canyon sein? Wann endlich taucht er auf? Spannung baut sich auf...

Plötzlich kommt er, der große Parkplatz zunächst, das Holzhaus der Lodge und dann seine Majestät. Überwältigend ist er ohne Zweifel und selbst der größte Skeptiker kann sich seiner Ausstrahlung nicht entziehen.

Die Dimensionen des Canyons sind amerikanisch groß: 446 km lang, zwischen ein und 29 km breit und bis zu 1600 m tief. Fünf Millionen

Der Colorado River fließt mächtig dahin. Kleine Reisegruppen befahren ihn mit mächtigen Flößen.

Besucher staunen jährlich an seinen Felsrändern. Nur eine halbe Million Besucher kommen aber zum Nordrand. Das liegt daran, daß man, um von einer auf die andere Seite zu kommen, die eigentlich nur knapp zehn Meilen voneinander entfernt sind, mit dem Auto 215 Meilen fahren muß. Man kann natürlich auch zu Fuß ... aber zwei Tage sollte man einplanen. Von Nord nach Süd ist die Wanderung einfacher, denn der nördliche Rim liegt zwischen 300 und 600 m höher als der südliche Rim. So wird der Grand Canyon auch zur Wetterscheide. Während im Süden noch die Sonne scheint, reiben sich im Norden dunkle Wolkenmassen an den Felsen, schleudert Zeus effektvoll Blitz und Donner auf das Land.

Kaum ein Besucher ist nicht ergriffen; von den Aussichtsplattformen bietet sich ein Naturschauspiel, das kein Hollywood-Regisseur je besser hätte in Szene setzen können.

Will man zum South Rim, muß man erst bis zum Highway 89 zurückfahren, dann durch den Marble Canyon nach Süden. Auch diese Strecke ist faszinierend, dem Verlauf des Colorado River folgend, begleitet von glutroten, von der Sonne bestrahlten Felsen. Eine Pause bietet sich an bei Lee's Ferry oder sogar eine Übernachtungsmöglichkeit auf einem einfachen Campground. Gleich nebenan konnte man einstmals auf wackeligen Booten den Fluß überqueren. Heute legen hier

Und zum Zeitvertreib ein kleines Rodeo. Wer hält sich am längsten auf des Pferdes Rücken?

nur High-Tech-Schlauchboote auf ihrer Colorado-Rafting-Tour an. Pause eben. Dann führt die Straße endlos, gerade, ohne Unterbrechung nach Süden. Doch ist Unterbrechung empfohlen: Den Straßenrand säumen einfach zusammengezimmerte Hütten, primitive Stände. Navajos und Hopi verkaufen Indianerschmuck. Besonders außerhalb der Saison kann man das eine oder andere Schnäppchen machen und wunderschöne Stücke erstehen.

Dann Grand Canyon South Rim: Man hat es geahnt, es bietet sich ein neuer Höhepunkt. Wenn nur nicht diese Besucherströme wären. Aber man kann ja ein paar Schritte den Wanderwegen folgen, sich dann auf einen Felsen setzen und hinüber, hinunter, hinauf schauen. Die Schönheit verbirgt sich nicht. Sie strahlt selbstbewußt. Man muß ei-

gentlich einen ganzen Tag an diesem Ort verbringen. Die Sonne wirft zu jeder Stunde andere Schatten und taucht damit das Szenario in immer neue Farben. Weltwunder? Natürlich, man ist Zeuge.

Zeuge waren vor uns die Indianer. Wie sie einst lebten, können wir beim Wupatki National Monument nachempfinden. Es ist ein »hohes Haus« (so heißt Wupatki in der Hopi Sprache), das bescheiden wirkt, aber ebenso ergreifend, ein Überbleibsel aus längst vergessenen Zeiten.

Flagstaff, Phoenix, Tucson: Wo einst nur Indianer lebten

Da fühlt man sich in Flagstaff fast schroff zurückversetzt in die Gegenwart – leider, möchte man zunächst hinzufügen. Aber Flagstaff gehört zu

Die Hopis haben eine lange Geschichte und viel Tradition, die man heute noch in ihren Töpferarbeiten und Bildern wiederfindet.

dem Land ohne Zweifel: einst Cowtown, heute Zwischenstop für Trucker und Touristen. Mit dem Auto kann man ein paar Straßenzüge auf und ab fahren in der rechtwinklig angelegten City. Das Museum of Northern Arizona ist zu empfehlen, wenn man sich für das Leben der Indianer interessiert.

Auf dem Highway 17 eilen wir nach Süden. Phoenix ist unser Ziel, eine moderne Großstadt inmitten der Wüste, Wirtschaftszentrum, High-Tech-Metropole – ja und natürlich Rentnerstadt. Immer mehr Pensionisten zieht es hierher in die Sonne, wo sie ungestört ihren Lebensabend verbringen – unter ihresgleichen mit Sport und geruhsamen Leben. Der Besucher, der Zeit hat, kann zwischen verschiedenen Museen wählen: dem Salt River Project History Center, das die Geschichte der Bewässerung erzählt, dem Pioneer Arizona Living History Museum, ein Freilichtmuseum mit kostümierten Schauspielern, die das Leben vor 100 Jahren live präsentieren oder dem Heard Museum, das vielleicht die beste Sammlung indianischer Kunst des Südwestens hat. Wer sich etwas Besonderes gönnen will, steigt mit einem Heißluftballon auf, um die Wüste aus der Luft zu entdecken. Phoenix ist die Stadt der Heißluftballone. Jedes Jahr im Oktober finden die Ballonflugtage statt, dann ist der Himmel voller bunter Ballone.

Zu Phoenix paßt Biosphäre 2. An keinem anderen Ort der Welt könnte dieses postmoderne Glas- und Stahlgewirr natürlicher stehen als hier. Ursprünglich gepriesen als wissenschaftliches Modell, Aufbau eines eigenen unabhängigen Ökosystems, eine Minierde hinter Glas, in der acht Wissenschaftler mit Pflanzen und Tieren das Überleben üben. Heute sind die Töne etwas lei-

Das postmoderne Glas- und Stahlgewirr ist ein eigenes Ökosystem, in dem Wissenschaftler das Überleben übten.

ser geworden. Als Touristenattraktion ist der Bau immer noch bestens genutzt: die Eintrittspreise sind hoch, die Erklärungen der Führer eher allgemein gehalten. Aber einmal sollte man es gesehen haben.

Irgendwie paßt auch das »Große Haus« der Hohokam-Indianer als Kontrast dazu. Das Casa Grande Ruins National Monument bewahrt das Indianerhochhaus. Das vierstöckige Lehmhaus wurde 1320 wahrscheinlich als Observatorium errichtet, ein High-Tech-Denkmal seiner Zeit.

Schließlich Tucson, nur schlappe 70 Meilen von Mexiko entfernt. Natürlich gründeten die Spanier auch diese Stadt – ein Jesuit war um das Jahr 1700 dafür zuständig – und natürlich muß man auch heute spanisch sprechen, wenn man die meisten Mitbürger verstehen will. Vergangenheit hat Tucson wenig bewahrt, denn erst nach dem Zweiten Weltkrieg machte die Stadt Karriere: Air Force und Universität verschafften ihr den gewünschten Aufschwung. So bietet es sich einfach an, den Flugzeugfriedhof der Luftwaffe zu besuchen. Wir fahren langsam an geparkten und eingemotteten Flugzeugen vorbei. Im Pima Air Museum erhalten wir von Veteranen sachkundige Aufklärung und können sogar eine Präsidentenma-

Im Pima Air Museum erklären Veteranen sachkundig die auf Halde stehenden Flugzeuge.

schine, eine ausgediente selbstverständlich, besteigen. Eine Erinnerung an die alten Jesuitenzeiten hat Tucson sich noch bewahrt: die Mission San Xavier. Man nennt sie recht treffend die »weiße Taube der Wüste«, denn blendend weiß, spielerisch verziert, dabei durchaus ehrwürdig wirkt die alte Jesuitenmissionskirche aus dem Jahr 1797. Die Indianer kommen jeden Sonntag zu einem farbenprächtigen und lebhaften Gottesdienst – und ab und zu verirrt sich auch eine Klapperschlange unter die Bänke.

Tucson liegt mitten im Indianerland. Berühmte Indianer wie Cochise und Geronimo lebten hier. Im Sonora Desert Museum kann man sich über das Thema Ureinwohner informieren.

Im Saguaro National Monument gibt es einen wunderbaren Campingplatz – inmitten von Kakteenwäldern.

Wo die Kakteen in den Himmel ragen

Noch besser kann man sich die Vergangenheit aber in der Gegenwart des Saguaro National Monuments vorstellen. Die wie Telegrafenmasten aufragenden Saguaro-Kakteen prägen hier das Landschaftsbild. Sie stehen in Reih und Glied wie zur Parade, unberührt von allem, was Menschen je bewegte. Ganz in der Nähe befindet sich Old Tucson, eine Filmkulissenstadt, wie es sie bereits an vielen Orten der USA gibt.

Aber eine Western Show ist in Tucson zumindest authentisch. Hier wurden Westernfilme gedreht und hier werden heute noch Stunt-Shows geboten, wenngleich John Wayne und Ronald Reagan nicht mehr zu den Akteuren zählen.

Durch das Reservat der Papago Indianer fahren wir zum Organ Pipe Cactus National Moument. Geboten wird Wüste pur und als Belohnung für die Strapazen in der Hitze die in Büscheln wachsenden Pfeifenkakteen. Mit aircon ausgerüstet befahren wir den Ajo Mountain Drive und genießen die Wüste – american style – aus dem klimatisierten Wageninneren.

Eigentlich sollte man annehmen, die Rückfahrt auf dem Highway 8 wäre langweilig – und irgendwie trifft dies auch zu. Aber man wird schon nach Gila Bend überrascht, wo der Painted Rocks State Historic Park ausgeschildert ist. Die Hohokamindianer haben an vielen Felsen prähistorische Lebenszeichen, Felsmalereien, hinterlassen. Bei Yuma

Im Organ Pipe Cactus National Monument wachsen die Pfeifenkakteen in Büscheln, inmitten Wüstenlandschaft pur.

stoßen wir auf den Colorado River, der die Stadt üppig fruchtbar macht. Meilenweit dehnen sich Citrusplantagen aus – und Wohnwagenparks. Yuma gilt als eines der sonnigen Seniorenparadiese.

Nach der Überquerung des Colorado River befinden wir uns wieder in Southern California, wo es im Sommer tatsächlich nie regnet. Am Highway tauchen hohe Sanddünen auf, die von Dünenbuggies durchpflügt werden. Es dauert nun nicht mehr lange, bis die Zivilisation einen wieder hat: Läden, Häuser, Autowracks am Straßenrand und natürlich überdimensionale Reklameschilder.

Welcome in San Diego.

Tijuana: Der kleine Grenzverkehr

Im Süden von San Diego kann man den einfachsten Abstecher nach Mexiko unternehmen. Also nur nach Süden fahren, bei den großen Parkplätzen halten und einfach den vielen Menschen folgen. Sie passieren alle das große Grenzgebäude und befinden sich plötzlich in Mexiko. Rechter Hand gelangt man rasch zum Stadtzentrum von Tijuana. Das ist die Stadt, die Mexiko so zeigt, wie die Amerikaner sich das Land vorstellen.
Also, man kann Folklore erleben, manchmal etwas dick aufgetragen, aber es kommt an. Man kann beim Mexikaner Mittagessen (mittlere Qualität) und einige wirklich billige mexikanische Souvenirs einkaufen. Viele Amerikaner kommen mit Sombreros an die Grenzstation zurück, allerdings zu groß für das Flugzeug, das uns ja bald zurückbringt.

Ely
Hinckley
Oak City
Baker
Holden
Gunnison
Salina
Currant
Great Basin Nat. Park
Cove Fort
Sevier
Loa
Warm Springs
Milford
Coaldale
Tonopath
Miners-ville
Reef Nat. Park
Circleville
Panaca
Panguitch
Lida
Caliente
Enterprise
Cedar City
Rubys Inn
Ash Springs
Nevada
Zion Nat. Park
Long Valley Junction
Bryce Canyon Nat. Park
Utah
Hurricane
St. George
Glen Canyon
Death Valley Nat. Park
Beatty
Amargosa Valley
Colorado City
Page
Indian Springs
Marble Canyon
Death Valley
Overton
Telescope Pk. 3368
Pahrump
Kaibito
Lake Mead
Grand Canyon Nat. Park
Grand Canyon Nat. Park
Colorado
Las Vegas
Tuba City
Shoshone
North Rim
Grand Canyon Village
Boulder City
Little Colorado
California
Cameron
Peach Springs
Searchlight
Baker
Humphreys Pk. 3860
Laughlin
Ash Fork
Sunset Crater Nat. Mon.
Barstow
Bullhead City
Kingman
Williams
Flagstaff
Kelso
Arizona
Victorville
Ludlow
Needles
Wikieup
Amboy
Lake Havasu City
Bagdad
Montezuma Castle Nat. Mon.
San Bernadino
Lake Havasu
Prescott
Pine
Yucca Valley
Parker
Vidal
Congress
Payson
Riverside
Joshua Tree Nat. Mon.
Palm Springs
Desert Center
Aguila
Wicken-burg
Indio
Quartzsite
Salome
Blythe
Sun City
Phoenix
Anza-Borrego Desert St. Park
Bombay Beach
Scottsdale
Oceanside
Salton City
Salton Sea
Palo Verde
Apache Jct.
Escondido
Julian
Chandler
Santee
Pine Valley
Colorado
Painted Rocks Hist. St. Pk.
Maricopa
Florence Jct.
Brawley
Casa Grande
Florence
San Diego
Gila River
Gila Bend
Casa Grande Ruins Nat. Mon.
Chula Vista
Calexico
Wellton
Tecate
Yuma
Tijuana
Mexicali
Bataques
Catalina
Baja California Norte
San Luis Rio Colorado
Ajo
El Faro
Why
Saguaro Nat. Mon.
Organ Pipe Cactus Nat. Mon.
Ojos Negros
Tucson
Ensenada
MEXICO
Parque Nac. del Gran Desierto del Pinacate
Agua Flores
Lukeville
Sonoyta
Sells
El Golfo de Santa Clara
Sonora

Regionen:

California, Nevada, Utah, Arizona

Anfangs- und Endpunkt:

San Diego

Camperübernahme:

Los Angeles oder San Diego

Größere Städte:

San Diego, Las Vegas, Flagstaff, Phoenix, Tucson

Nationalparks:

Joshua Tree National Monument, Grand Canyon National Park, Zion National Park, Bryce Canyon National Park, Wupatki National Monument, Sunset Crater National Monument, Saguaro National Monument, Organ Pipe Cactus National Monument.

Streckenlänge

Fahrtstrecke in ms/km: 2090/3350;
Empfohlene Zeitdauer: 15 Tage

1. Tag: San Diego

Sehenswürdigkeiten:
Strandboulevards: An den Stränden treffen sich die Schönen und Unternehmungslustigen. Es ist interessant, sich für eine Stunde darunter zu mischen.
Das *Hotel del Coronado* beschwört die Pracht vergangener Zeiten, das Hotel war Schauplatz vieler Filmgeschichten.
Old Town State Park und Gaslight Quarter sind zwischen Juan, Twiggs, Congress und Taylor Street gelegen. Historischer Stadtkern mit den Resten der ersten europäischen Siedlung in USA.
San Diego Zoo: Die Stadt rühmt sich eines der größten und schönsten Zoos der Welt. Er ist wie ein botanischer Garten angelegt. Mehr als viertausend Tiere und seltene Vögel sind hier in ihrem natürlichen Lebensbereich zu Hause. Der üppig wuchernde Regenwald am Tiger River, über dem künstlich erzeugter Nebel hängt, sprudelnde Wasserfälle, unzählige exotische Pflanzen und blühende Blumenvielfalt versetzen den Besucher in eine fremde Welt.
Sea World: Freizeitpark, täglich von 9.00 Uhr bis Sonnenuntergang mariti me Shows und Entertainment.
Berühmt durch die Delphinvorstellungen. Einen halben Tag sollte man mindestens einplanen.
Für Shiplover eine Muß: der *Tiefseehafen.* Er ist Stützpunkt des 11. Flottenge-

schwaders und Hauptquartier der Pazifikflotte, Imposant: Die hier oft vor Anker liegenden Flugzeugträger.

Übernachtung:
Campland on the Bay: Pacific Beach Drive, an der Mission Beach.
Silver Dollar Beach: Auf der Coronado Halbinsel (ein paar Minuten südlich vom Coronado Hotel).

2. Tag: San Diego – Joshua Tree

Strecke: 210 ms
San Diego – El Cajon – Alpine – Julian – Anza Borrego Desert – Coachella – Palm Springs – Yucca Valley – Joshua Tree National Monument

Sehenswürdigkeiten:
Der *Anza Borrego Desert State Park* vermittelt einen guten Eindruck von der Wüstenlandschaft des Westens. Das Visitor Center ist täglich von 9.00 bis 17.00 Uhr geöffnet.
Palm Springs: Wüsten-Oasen-Stadt mit der Hauptstraße Canyon Drive; Moorton's Botanical Gardens; S. Palm Canyon Drive (geöffnet täglich außer Sonntag von 9.00 bis 17.00 Uhr); Palm Canyon (Canyon mit Palmen im Tal, Visitor Center, täglich geöffnet von 9.00 bis 17.00 Uhr. Der Canyon ist wegen Brandgefahr in trockenen Sommermonaten geschlossen.) Aqua Caliente Indian Reservation (Indianerreservation, schöne Fächerpalmen).
Joshua Tree National Monument: Wüstenlandschaft und Felsformationen, Visitor Center, täglich geöffnet von 9.00 bis 17.00 Uhr.

Übernachtung:
Joshua Tree National Monument, Black Rock Canyon: Falls dieser belegt sein sollte: Im Park befinden sich noch weitere Campgrounds.

3. Tag: Parker – Lake Mead

Strecke: 240 ms;
Parker – Lake Havasu City – Bullhead Cuty – Lake Mead National Recreation Area

Sehenswürdigkeiten:
Lake Havasu City ist ein schönes Beispiel für amerikanische Unbekümmertheit, sofern es historische Dinge angeht: Das englische Viertel kann sich rühmen, die einzig echte und wahre London Bridge zu besitzen. Dem Staudammbau der 30er Jahre verdankt man auch die *Lake Mead National Recreation Area*, den auf 185 km gestauten Colorado River. Der endlos lange See liegt in einem

landschaftlich sehr reizvollen Erholungsgebiet.

Übernachtung:
Zur Übernachtung empfohlen: der *Campground* von Katherine in der Lake Mead National Recreation Area.

4. Tag: Kingman - Las Vegas

Strecke: 130 ms;
Kingman – Hoover Dam – Hendersen – Las Vegas

Sehenswürdigkeiten:
Hoover Dam:
Einer der höchsten Staudämme der Welt, staut den Colorado River zum Lake Mead, Führungen im Sommer täglich von 8.00 bis 18.45 Uhr und im Winter von 9.00 bis 16.15 Uhr.

Übernachtung:
Las Vegas: Hinter dem Casinokomplex Circus Circus oder hinter dem Casino Stardust in absoluter Nähe zum Strip.

5.Tag: Las Vegas

Sehenswürdigkeiten:
Über Las Vegas kann man ganze Bücher schreiben, doch eine detaillierte Darstellung der Sehenswürdigkeiten macht wenig Sinn: In europäischen Augen dominiert Kitsch und Größenwahn, unbedingt ansehen sollte man den *Strip* und die *Casinos* entlang dem Strip; kostenlose Shows entlang der Straße (Piratenüberfall, Vulkanausbruch).

6. Tag: Valley of Fire - Zion

Strecke: 180 ms;
Valley of Fire – Overton Beach – Glendale – St. George – Hurricane – Zion National Park

Sehenswürdigkeiten:
Natur satt im *Valley of Fire* mit seinen rötlichen Felsformationen. Bei *Overton Beach* gelangt man dann wieder zum Lake Mead, der herrliche Badestrände bietet. Wer das Steuer seines Wohnmobils mit dem eines Hausboots vertauschen will, ist hier genau richtig.
St. George ist ein hübscher Ort mit einem großen Mormonentempel. Tagsüber Besichtigungen möglich, Bekehrungsversuche inklusive.

Zion National Park: Felsformationen, Scenic Drive im über 700 m tiefen Canyon, Visitor Center, täglich geöffnet von 9.00 bis 17.00 Uhr.

Übernachtung:
Im *Zion National Park* befinden sich mehrere Campingplätze.

7. Tag: Mt. Carmel – Bryce Canyon

Strecke: 150 ms
Mt. Carmel – Long Valley Jct. – Red Canyon – Bryce Canyon National Park

Sehenswürdigkeiten:
Der *Bryce Canyon National Park* bietet einen Vorgeschmack auf den Grand Canyon. Besonders spektakulär sind die Felsendome, Nervenkitzel bietet die Wanderung entlang des Rim Trail. Visitor Center vorhanden, täglich geöffnet von 9.00 bis 17.00 Uhr.

Übernachtung:
Mit dem *North* und *Sunset Campground* verfügt der Nationalpark über zwei große, staatlich betriebene Campingplätze.

8. Tag: Red Canyon – Grand Canyon

Strecke: 200 ms;
Red Canyon – Mt. Carmel – Kanab – Fredonia – Jacob Lake – Coral Pink Sand Dunes State Park – Grand Canyon National Park North Rim

Sehenswürdigkeiten:
Coral Pink Sand Dunes State Park: Sanddünen.
Grand Canyon National Park North Rim: 1700 m tiefe, 450 km lange Schlucht des Colorado River, Visitor Center, täglich geöffnet von 9.00 bis 17.00 Uhr.

Übernachtung:
Der Campground vom *Grand Canyon National Park North Rim* ist schnell belegt.

Naturwunder Grand Canyon

Der Grand Canyon ist eines der größten Naturwunder unserer Erde. Er wurde relativ spät entdeckt. 1869 bezwang Major Powell den Colorado River zum ersten Mal und brachte damit den Grand Canyon in die Schlagzeilen. Im Jahre 1893 erklärte der amerikanische Präsident Harrison die Absicht, die tiefe Schlucht zum Naturschutzgebiet zu ernennen. Es dauerte aber noch bis zum Jahr 1919, als Präsident Wilson den Grand Canyon tatsächlich zum Naturschutzgebiet erklärte. Inzwischen bestaunen jedes Jahr rund fünf Millionen Menschen die tiefe Schlucht. Der Grand Canyon ist zwischen 6,5 und 29 km breit, 446 km lang und durchschnittlich 1600 m tief. Der Colorado River ist auf diesem Abschnitt 350 km lang und bis zu 90 m breit. Er hat eine Gefälle von 670 m, das er über 160 Stromschnellen überwindet. (70 davon werden als »schwierig« eingestuft.) Der Nationalpark unterteilt sich in einen nördlichen und einen südlichen Teil, getrennt durch den Colorado-River. Der nördliche Teil (North Rim) liegt ungefähr 500 m höher, ist etwas umständlicher zu erreichen und zieht daher auch nicht so viele Besucher an. Der südliche Teil (South Rim) dagegen ist über die Highways des Südens bestens zu erreichen und daher auch Magnet für die Besucher.
Zwischen Norden und Süden bildet sich eine Klima- und Vegetationszone. Wachsen im Norden dichte Wälder, ist das Klima gemäßigt, vegetieren in der südlichen Wüstenlandschaft nur Krüppelgewächs, ist es eigentlich immer heiß. Kontrastreich ist der Besuch beider Seiten der Schlucht. Man muß sich nur darüber im Klaren sein, daß der Weg von dem einen Visitor Center zum anderen immerhin 340 km beträgt.

9. Tag: Jacob Lake - Grand Canyon

Strecke: 230 ms;
Jacob Lake – Marble Canyon – Bitter Springs – Cameron – Grand Canyon National Park South Rim

Sehenswürdigkeiten:
Es gibt am Canyon trotz aller Besucherscharen immer ein Plätzchen, an dem man sich niederlassen kann, um in Ruhe die Landschaft zu genießen, das Spiel der Wolken mit der Sonne, die immer wieder neue Muster auf die Felsenlandschaft zaubern. Man kann aber sich aber auch aktiver mit dem Canyon auseinandersetzen. Über eine Viertel Million Menschen steigen jährlich in den Canyon hinab. Es gibt mehrere Trails, die hinunter zum Colorado River führen. Dort kann man sogar in einfachen Unterkünften übernachten. Es wird gewarnt, an einem Tag hinunter- und hinaufzuwandern. Da sei zu anstrengend, was jedes Jahr tödliche Unfälle beweisen.
Man kann auch mit dem Flugzeug oder einem Helikopter über den Canyon kreisen. Auch das unternehmen mehr als eine Viertelmillion Menschen im Jahr. Und man kann, wie 20 000 andere auch, mit dem Schlauchboot auf dem Colorado River durch den Canyon fahren. Alles ist natürlich nicht mehr so schön wie früher: Die Helikopter dürfen nicht mehr in den Canyon hineinfliegen, sondern müssen darüber kreisen, für eine Bootsfahrt besteht eine Wartezeit von drei Jahren – zumindest für Individualreisende.

Übernachtung:
Auch die Campgrounds am *South Rim* sind schnell belegt.

10. Tag: Cameron - Volcano National Park

Strecke: 100 ms;
Cameron – Wupatki National Monument – Sunset Crater Volcano National Park
Sehenswürdigkeiten:
Wupatki National Monument:
Ruinenstädte, Visitor Center, täglich geöffnet von 9.00 bis 17.00 Uhr.
Sunset Crater Volcano National Park:
Vulkankegel, erstarrte Lavaflüsse, Visitor Center, täglich geöffnet von 9.00 bis 17.00 Uhr.

Übernachtung:
Übernachtungsmöglichkelten im *Sunset Crater Vulcano National Park*.

11. Tag: Flagstaff – Phoenix

Strecke: 110 ms;
Flagstaff – Montezuma Castle National Monument – Camp Verde – Phoenix

Sehenwürdigkeiten:
Flagstaff: Altstadt, Museum of Northern Arizona (Kulturgeschichte Arizonas), täglich von 9.00 bis 17.00 Uhr geöffnet.
Montezuma Castle National Monument: Ruinenstädte im Canyonüberhang, Visitor Center, täglich geöffnet von 9.00 bis 17.00 Uhr.
Phoenix: Salt River Project History Center, Museum zur Geschichte der Bewässerung, geöffnet täglich von 9.00 bis 17.00 Uhr; Pioneer Arizona Living History Museum: Freilichtmuseum, Schauspieler in historischen Gewändern, täglich geöffnet von 9.00 bis 17.00 Uhr; Heard Museum, Sammlung indianischer Kunst, geöffnet Montag bis Samstag von 10.00 bis 17.00 Uhr, Mittwoch bis 20.00 Uhr, Sonntag von 12.00 bis 17.00 Uhr.

Übernachtung:
Ein Campingplatz befindet sich im *Lake Pleasant Regional Park* (im Norden von Phoenix).

12. Tag: Casa Grande – Saguaro

Strecke: 150 ms;
Casa Grande Ruins National Monument – Biosphere 2 – Tucson – Saguaro National Monument West

Sehenswürdigkeiten:
Casa Grande Ruins National Monument: Ruinenstädte, Visitor Center, täglich geöffnet von 9.00 bis 17.00 Uhr.
Biosphere 2: Künstliches Biotop unter einer Glaskuppel, Führungen täglich von 10.00 bis 17.00 Uhr. Das wissenschaftliche Experiment gilt zwar mittlerweile als gescheitert, doch eine Besichtigung lohnt in jedem Fall.
Tucson: Pima Air & Space Museum; das Mekka aller Luftfahrt-Fans. Tragfläche an Tragfläche sind hier die Jets von gestern und vorgestern zu besichtigen, zum Teil sogar noch flugklar. Zu Zeiten des Kalten Krieges konnten sie bei Bedarf wieder ausgemottet werden. Täglich geöffnet von 9.00 bis 17.00 Uhr. Weiterhin sehenswert: Mission San Xavier del Bac (weiße Kolonialkirche); Old Tucson Studios: Filmkulissenstadt mit vielen Shows, täglich geöffnet von 9.00 bis 17.00 Uhr.
Saguaro National Monument: Saguaro Kakteen, Visitor Center, täglich geöffnet von 8.00 bis 17.00 Uhr.

Übernachtung:
Empfehlenswerter Stellplatz beim *Saguaro National Monument*.

13. Tag: Tucson - Organ Pipe

Strecke: 160 ms;
Tucson – Robles Jct. – Sells – Why – Organ Pipe Cactus National Monument

Sehenswürdigkeiten:
Das *Organ Pipe Cactus National Monument* bietet eine einzigartige Wüsten- und Kakteenlandschaft. Visitor Center, täglich geöffnet von 9.00 bis 17.00 Uhr.

Übernachtung:
Im *Organ Pipe Cactus National Monument* kann man auch campen.

14. Tag: Why - Yuma

Strecke: 210 ms;
Why – Ajo – Gila Bend – Wellton – Yuma

Sehenswürdigkeiten:
Am Highway 8, Richtung Yuma, ist der *Painted Rocks State Historic Park* ausgeschildert. Hinter der schwerfälligen Bezeichnung verbergen sich prähistorische Felsmalereien.
Yuma ist ein Mekka aller Freunde von Zitrusfrüchten.

Übernachtung:
Private Campgrounds gibt es im Seniorenparadies von Yuma zur Genüge.

15. Tag: San Diego

Strecke: 200 ms;
San Diego – Abstecher nach Tijuana (Mexiko)

Sehenswürdigkeiten:
Mexiko liegt so nahe: *Tijuana* bietet eine überaus sehenswerte Altstadt samt tollem Einkaufsparadies. Mexikanische Lebensart und harte US-Dollars (die Stadt wird auch von vielen US-Tagestouristen besucht) ergeben eine interessante, quirilige Stadt. Der Grenzübertritt per Fahrzeug ist nicht empfehlenswert, Parkplätze sind auf der amerikanischen Seite reichlich vorhanden.

Übernachtung:
San Diego: Campland on the Bay: Pacific Beach Drive, an der Mission Beach.
Silver Dollar Beach: Auf der Coronado Halbinsel (ein paar Minuten südlich vom Coronado Hotel).

San Diego

In der Bucht, in der San Diego liegt, betrat 1542 der portugiesische Seefahrer in spanischen Diensten Juan Rodriguez Cabrillo als erster Europäer kalifornischen Boden. Aber seine begeisterten Berichte beeindruckten im fernen Europa niemand, so blieb Alta California über 200 Jahre vergessen. Erst Junipero Serra, ein aus Mallorca stammender Franziskanermönch gründet am 16. Juli 1769 die Mission San Diego de Alcala, der ersten von 21 Missionen entlang der Küste bis hinauf zum späteren San Francisco. Das war die Geburtsstunde von San Diego. Um den Presidio Hill herum, entwickelte sich aus einem unscheinbaren Dorf sehr langsam eine pulsierende Millionenstadt. »Old Town« wurde 1968 zum historischen Park erklärt; seine zahlreichen restaurierten Bauten stehen für die mexikanische und spanische Geschichte der Stadt. Wir steigen den Presidio Hill hoch, der mitten im Old-Town-Bereich liegt und schauen in die Ferne, zu den Bergen im Osten und dem Meer im Westen.

Die Mission gibt es nicht mehr; die Eingeborenen brannten sie 1775 nieder. Damals wäre die Geschichte der Stadt fast zu Ende gewesen. Erst 1803 ließen sich die ersten Nordamerikaner in seiner Umgebung nieder.

San Diego stand immer im Schattenn der beiden Nachbarn im Norden, San Francisco und Los Angeles – zum Glück, denn so hat die Stadt mehr Charakter, mehr Tradition und mehr Herz bewahrt als seine großen Konkurrenten. Das kann man am besten im Gaslamp Quarter erkennen, das »Historic Heart of San Diego«. Dekorative Gaslaternen, die inzwischen elektrisch betrieben werden, säumen die rot gepflasterten Straßen. Cafés, kleine Galerien und teure Antiquitätenläden reihen sich aneinander. Früher befanden sich hier Bordelle und Opiumhöhlen.

Am schönsten an San Diego ist aber seine Lage direkt am Meer. Der Zugang ist kostenlos, und an den langen Stränden finden sich immer ausgelassene Menschen, die sich an Sonne, Strand und Wasser erfreuen. Wer also nach einer Fahrt durch das Land nach San Diego zurückkommt, ist eingeladen, hier noch einige Tage Erholung und Entspannung einzulegen.

ROUTEN DURCHS INDIANER-LAND

Wo einst die Indianer lebten

Auf zum Monument Valley und weiter durch Indianerland. Durango ist eine alte Westernstadt, und in Los Alamos wurde die Atombombe entwickelt. Bei Santa Fé ist das Puebloland, und im Canyon de Chelly wohnen heute noch Indianer.

Nirgendwo ist das Indianerland authentischer: Monument Valley

Tuba City bietet nichts, was der Name vielleicht an Erwartung weckt. Aber man kann einkaufen, ehe man ins Indianerland aufbricht. Tuba City liegt am Rand der Indianerreservate. In dem Dorf leben hauptsächlich Indianer. Wem dies nicht klar ist, der bekommt Nachhilfe durch große Schilder: »Privatstraße; Besuch unerwünscht«. Die Bewohner wollen keine Touristen im Vorgarten, wenn von Vorgarten überhaupt die Rede sein kann. Jede Indianerbehausung erkennt man schon von weitem; auf der Straße, vor dem Eingang, hinter dem Haus, einfach überall rostet Zivilisationsmüll vor sich hin. Enttäuscht? War Winnetou ordentlicher? Vielleicht keine gute Einstimmung für einen Besuch im Indianerland.

Der Highway 160 führt nach Nordosten, schnurgerade durch das Navajo-Reservat. 200 000 Mitglieder zählt der größte Indianerstamm in den USA; sie leben größtenteils in diesem Reservat – immerhin 5,5 Millionen Hektar groß: braune Felsbrocken auf grauem, in der Trockenheit zerfurchtem Lehmboden. Sie leben von der Wohlfahrt, treiben noch ein paar Schafherden durch die Canyons. Außerdem sind sie eher touristenscheu...

Also keine gute Einstimmung auf das Indianerland. Die Sonne brennt herab, die Felsen werfen kaum Schatten. Gut, daß das Wohnmobil klimatisiert ist. So prallen eben Welten aufeinander.

Wir biegen ab, wollen zum Navajo National Monument. Der Name ist bereits ein Mißverständnis, denn nicht auf den Spuren der Navajos befinden wir uns, sondern Behausungen der Anasazi-Indianer finden wir vor.

Wir folgen dem Fußweg zum Canyonrand, von dem aus man auf der gegenüberliegenden Seite der Schlucht Felswohnungen sehen

Monument Valley ist die schönste Filmkulisse, die es je gegeben hat. Hier wurden manche Indianerfilme gedreht. Früher ritten die Navajos auch ohne Filmteams durch das Land.

kann, einfache Steinhäuser, die in die natürliche Felsausbuchtung eingepaßt wurden. Wir setzen uns nieder und schauen hinüber, wo einst im 13. Jahrhundert für kurze Zeit Indianer lebten – vermutlich nur 50 Jahre, dann zogen sie weiter. Man weiß nicht warum.

Eineinhalb Stunden muß man rechnen, wenn man hinüber wandern will – es lohnt sich.

Wieder zurück zum Highway 160, nach Kayenta, ein Indianerdorf der heutigen Zeit. Viele Schrottautos prägen die Straßen, auch vor den Hütten türmen sich ebenfalls Schrottberge, Zivilisationsmüll neben der Indianerseele. Ein Indianer kommt und will Schmuck verkaufen. Er stellt eine Ausnahme dar, ansonsten sind die Indianer eher zurückhaltend.

Abzweigung zum Monument Valley. Der Name ist bekannt, die Bilder sind geläufig, allzu bekannt. Wer hat nicht einen der Western gesehen, die im Monument Valley gedreht wurden? Ist dann Monument Valley noch eine Sensation?

Es ist ein Weltwunder.

Eine Stichstraße führt in den Park, kein Nationalpark, sondern Privateigentum der Navajos. Formalitäten: Eintritt bezahlen, weiterfahren, große Parkplätze vor dem Visitor Center oder gleich auf den Campingplatz fahren, auf dem schon viele Camper stehen. Die grandiose Aussicht ist inbegriffen.

Das Wetter ist egal. Die Felsdome glänzen in der Sonne, heben sich wie dunkle Schatten aus dem Regenvorhang hervor, wirken bizarr bei Blitz und Donner. Ein Indianer hoch zu Pferd reitet zwischen den Felsen hindurch, nur ohne Federschmuck, eine Baseball-Mütze auf dem Kopf.

Wir sind ergriffen. Schweigen. Nicht alle denken so, laut geht es auf der Aussichtsterrasse zu, viele Deutsche, selbstverständlich. Aber es hindert einen keiner, ein paar Schritte zur Seite zu gehen und die Stille zu genießen.

Auf schlechter Staubstraße kann man auf einem Rundkurs durch das Tal fahren. Man vertraut sich den Pick ups der Indianer an oder quält den eigenen Camper über die Strecke. Etwas vorsichtig muß man natürlich schon fahren, damit man nicht in einem Sandloch hängen bleibt.

Die Sonne geht unter und gleichzeitig regnet es leicht. Strahlen schleudern wie Blitze gegen die Felsen und das Personal des Visitor Centers hat sich auf der Terrasse zusammengesetzt: Sie trommeln, singen, begrüßen den Regen nach Art ihrer Väter. Indianerland, hier kann man es fühlen – es sind nicht nur stolze Menschen, es ist auch ein stolzes Land.

Die meisten stehen rechtzeitig auf, um den Sonnenaufgang zu erleben, wenn die Sonne zwischen den Felsen erscheint und den neuen Tag ertastet. Feuerrot bis endlich glühend weiß, und dann erstrahlt sie über dem Tal. Auch die Sonne ist stolz. Eigentlich möchte man länger bleiben...

In die Welt der Anasazi: Mesa Verde

Zurück auf der 160. Mesa Verde National Park. Fahrt in die Vergangenheit. Vor einigen hundert Jahren lebten auch hier die Anasazi Indianer. Im frühen 14. Jahrhundert verließen sie bereits ihre Siedlungen wieder, vielleicht wegen einer lange anhaltenden Dürreperiode, vielleicht wegen Übervölkerung. Die genaue Antwort kennt bis heute niemand. Sie zogen nach New Mexico und vermischten sich mit der dort lebenden Bevölkerung. Man vermu-

Vor einigen hundert Jahren lebten hier Indianer. Sie bauten in die Felsenüberhänge ihre Häuser. Die Amerikaner von heute bewundern ehrfürchtig »ihre« Vergangenheit.

tet, daß sie die Stammväter der Pueblo-Indianer und der Hopi sind.

1888 entdeckten zwei Cowboys zufällig die Ruinensiedlungen von Mesa Verde. Sie erzählten von Palästen, großen Häusern in den Canyonfelsen. Viele Besucher kamen, viele Grabräuber. Sie ließen die Tonscherben mitgehen, gruben ganze Dörfer um, suchten nach Gold und Silber. Das fanden sie nicht, aber sie beschädigten viele Häuser. Erst 1906 wurde der Canyon als Nationalpark geschützt. So können wir die Bauten heute noch besuchen.

Die Ranger führen uns über Stege und Holzleitern zu den Indianersiedlungen, die in die Einbuchtungen der Canyonfelsen erbaut wurden. Bis zu 100 Räume sind die Siedlungen groß, Räume zum Wohnen, Kivas als Altarplätze. Die Ranger erzählen engagiert vom Leben der Indianer, von den Lebensbedingungen. Manche Fragen werden beantwortet, vieles bleibt auch unklar. Das Indianerland gibt seine Rätsel auf.

Der alte Westen: Durango

Dann folgt Durango, die Stadt der Weißen. 1879 stand hier lediglich eine einsame Bahnstation im Nirgendwo. Zwei Jahre später tummelten sich bereits 2000 Menschen in dem Wildwest-Nest. Es lebte vom Silbererzabbau in den Bergen. Saloons, Kasinos beherrschten das Stadtzentrum. Die historischen Fassaden machen das Städtchen noch immer besuchenswert. Die Hauptstraße besteht aus vielen solcher Saloon-Fassaden; dahinter befinden sich Souvenirläden, daneben Hotels in Wild West Styling. Die Wohnhäuser im viktorianischen Stil werden auch heute noch genutzt. Wir kaufen ein, laben uns an Hamburger und Cola.

Südlich von Durango liegt das Aztec Ruins National Monument. Wir wundern uns. Aber natürlich, dieser Name gehört aufgrund unserer Geschichtskenntnis nicht hierher. Die Felsstädte faszinierten die ersten weißen Entdecker, die der Meinung waren, nur Azteken seien einer solchen Architektur fähig. Irrtum. Hier

In den Felsstädten wohnten einst Anasazi-Indianer. Viele Familien lebten in einer engen Gemeinschaft zusammen.

lebten die Anasazi-Indianer. Aber der Name blieb. Vor 800 Jahren lebten etwa 500 Menschen hier. Im Tal pflanzten sie Mais und Kürbisse. In den Felsenhäusern lebten sie geschützt vor Wind und Wetter, vor Kälte und Hitze.

Auf der 44 nach Süden erreichen wir den Chaco Culture National Historic Park, ebenfalls Wohnort der Anasazi-Indianer. Besonders beeindruckend ist Pueblo Bonito mit 600 Räumen und mehr als 40 Kivas. Heute noch läßt sich unschwer erkennen, wie sorgfältig und genau die indianischen Handwerker arbeiteten. Viele Amerikaner zieht es heute hierher. Sie empfinden dies als wichtigen Teil ihrer Geschichte.

Wir fahren durch das Reservat der Jicarilla Indianer. Sie gehören dem Stamm der Apachen an, also Winnetou-Land, karstig, öde – und Indianersiedlungen sieht man von der Straße aus keine.

Wo die Atombombe entstand: Los Alamos

Auch Los Alamos steht für amerikanische Geschichte, allerdings aus unserem Jahrhundert. Los Alamos wurde 1941 zur »verborgenen« Stadt. Sie wurde aus allen Landkarten getilgt, kein Wegweiser führte zu ihr. In den Pinienwäldern lebten insgeheim mehrere hundert Wissenschaftler. Sie arbeiteten unter J. Robert Oppenheimer an der wichtigsten Kriegserfindung, an der Atombombe. Am 16. Juli 1945 lüfteten sie ihr Geheimnis. In der Wüste bei Trinity Site, 100 km nördlich von Los Alamos, zündeten sie die erste Atombombe. Wer mehr über diesen Teil der Geschichte wissen möchte, kann das Bradbury Science Museum und das Los Alamos Historical Museum besuchen.

Nochmals Lust auf Anasazi-Ruinen? Kein Problem. Südlich von Los Alamos liegt das Bandelier National Monument. 2,5 km ist der Rundweg lang: Ruinen, Kivas und Geschichte.

Im Puebloland

Jetzt geht es ins Pueblo-Land; Mittelpunkt ist Taos. Ockergelb und braunrot bestimmen die Adobe-Häuser das Bild der Stadt. Hier trifft man mit Pueblo-Indianern, Künstlern und Missionaren zusammen. Diese Mischung hat es in sich. Die Pueblo-Indianer sind die Nachfahren der Anasazi-Indianer, deren Felsenhäuser wir bereits erkundeten. Zu ihnen gehören der Stamm der Hopi und der Zuni. Sie sind für ihre wunderbaren Schmuckarbeiten berühmt – die allerdings ihren Preis haben. Im Gebiet von Taos findet man besonders viele Zuni und entsprechend viele Schmuckläden.

Die Pueblos entwickelten sich aus den Felswohnungen in den Canyons und haben sich in ihrer Architektur von damals bis heute

Auf einem bescheidenen Friedhof finden die Indios noch heute ihre letzte Ruhe. Die amerikanische Flagge ist der einzige Schmuck.

kaum verändert. Bereits die ersten spanischen Eroberer fanden in diesem Gebiet Pueblos, ineinander geschachtelte Einraumwohnungen, wie sie auch heute noch existieren. Heute parken allerdings die Pick ups vor den Pueblos, Satellitenschüsseln und Fernsehantennen deuten auf Gegenstände der modernen Zivilisation, aber die Bewohner klettern wie einst über Leitern in die Wohnräume der oberen Stockwerke. Das Leben spielt sich im Freien ab, man trifft sich vor dem Pueblo; es gibt immer etwas zu erzählen. Die Indianer haben ihre Lebensgewohnheiten weit gehend erhalten.

Da der Tourismus ihre wichtigste Einnahmequelle darstellt, können auch Besucher die Pueblos besichtigen – zwar meistens nur von außen und natürlich gegen Eintrittsgeld, aber immerhin. Frauen bieten vor den Pueblos Keramik an. Mitunter lassen sie ohne jegliche indianische Anmut erkennen, wie lästig es ihnen ist, Besucher zu ertragen, sie vielleicht sogar noch durch ihr Dorf, durch ihren Pueblo führen zu müssen – auch wenn sie gut bezahlen. Kundenorientierung ist kein sehr indianisches Wort. So fühlt man sich als Außenseiter, als ungebetener Gast. Trotzdem: zumindest einen Pueblo sollte man sich ansehen. Am eindrucksvollsten ist der Acoma

Pueblo. Er liegt etwas abseits der Interstate auf einem Mesa, einem Felsen mit glatter Oberfläche, einem »Tisch« sehr wohl ähnelnd. Eine steile Straße führt zu den Häusern auf den Tisch hinauf, die kein fließendes Wasser und keinen Strom haben. Das Auto müssen wir am Fuße des Berges abstellen und eine ungnädige indianische Führerin bringt uns in einem Bus hinauf in das Dorf. Sie führt uns eher eilig durch die engen Gassen. Auch hier sind Touristen nicht sonderlich beliebt – lediglich wenn sie die teuere Keramik erstehen, entspannen sich die Gesichtszüge. Dabei ist das Dorf eigentlich gar nicht besichtigenswert. Die Hütten sind ärmlich und bescheiden. Lediglich die Missionskirche San Estevan del Rey aus dem Jahr 1639 bietet etwas Abwechslung. Sie steht unter Denkmalschutz. Ist gerade Feiertag, und es gibt sehr viele Feiertage im Pueblo-Land, dann ist die Stadt für Besucher ohnehin gesperrt. Dann will man unter sich sein, keine Fremden sehen.

Indianer und Missionare ergänzen sich da vortrefflich. Kein Wunder also, daß man in dem Gebiet manche versteckt liegende Missionskirche in spanischer Lehmarchitektur besichtigen kann. Besonders beeindruckend ist das Santuario de Chimayo im gleichnamigen Ort. Sie gilt als eine Stätte der Wunderheilungen. Die Wand des hinteren Raums ist voller Votivtafeln, auf die die Geheilten Dank- und Segenssprüche geschrieben haben. Die Welt der Wunder gehört in die Indianerwelt. In ihr finden und ergänzen sich auf wunderbare Weise die alten Naturgeister wie auch das Christentum. Die Indianer vereinigen beides in ihren Herzen. So hören sie auch bei Gottesdiensten den Priestern aufmerksam zu und man erkennt, daß die Predigt mehr als anderswo an die indianische Tradition des Geschichtenerzählens anknüpft. Es

Der Acoma Pueblo liegt auf einem der Tafelberge. Um eine alte Kirche scharen sich einfache Hütten. Es leben nicht mehr viele Leute in dem Dorf. Die meisten sind schon in die großen Städte abgewandert.

Die Wallfahrtskirche von Chimayo wird gerne besucht. Man verspricht sich Heilungswunder von der Jungfrau Maria und den Heiligen. An den hohen Feiertagen finden große Prozessionen statt.

gehört zum Leben der Indianer, gerade wie es sich manches paleface vorstellt: Romantik am Lagerfeuer an den langen Abenden. Da diese Tradition tatsächlich eine der Wurzeln der indianischen Gemeinschaft ist, findet man in vielen Souvenirläden die Figuren von Geschichtenerzählern, »story teller« aus Ton und bunt bemalt: Frauen und Männer mit offenem, erzählendem Mund, auf ihren Beinen und vor ihnen sitzen viele Kinder und hören ihnen atemlos zu.

Die Künstler trifft man in Taos. In kleinen Läden stellen sie aus, preisen ihre Ware an. In manches Atelier kann man einen Blick werfen. Besonders wenn Markt abgehalten wird oder, wenn ein Fest gefeiert wird, kommt Leben in das ruhige Taos. Auf der Plaza trifft man viele Menschen. Nur in der glühenden Mittagshitze ziehen sie sich in ihre Adobe-Häuser zurück, in denen es angenehm kühl ist.

Wer sich für Geschichte interessiert, sollte das Kit Carson Home and Museum, 1825 gebaut, besuchen. Im Museum erfährt man, wie man in dieser Zeit gelebt und Geschichte geschrieben hat.

Neben den sich wundervoll zu dem Land und der Atmosphäre passenden Adobe-Bauten findet man in und um Taos reichlich ungewöhnliche und stark phantasievolle Häuser, zum Beispiel aus bepflanzten Reifen statt Ziegelwände oder weit in die Erde eingelassen zum Schutz vor der Sonne, nur eine Glaskuppel in Wüstenlandschaft. Gestaltungsvorschriften gibt es in der Wüste keine.

Ein Höhepunkt dieser Tour ist Santa Fé. Santa Fé ist die Stadt der Adobe-Architektur. Selbst moderne Zweckgebäude werden so gestaltet. Santa Fé erbauten sich die Spanier als Stützpunkt und vertrieben dabei die native people. Bis 1680 wiesen sie die Pueblo-Indianer weit gehend aus dem Gebiet und nutzten den Ort als wichtigem Handelsposten am Santa Fé Trail, der Ost-West-Handelsroute.

Die Stadt hat heute noch ihren indianischen und spanischen Charme gleichermaßen erhalten. Die Santa Fé Plaza zieht viele Touristen an, die gerne bummeln und in Souvenirläden kramen. In den Restaurants erhält man ausgezeichnete spanische und mexikanische Küche. Apropos Kunst: Einen ausgezeichneten Ruf hat das Wheelwright Museum of the American Indian. Hier findet man eine sehr informative Sammlung indianischer Kunst.

Der Westen kann auch langweilig sein: Alburquerque

Nur 70 km weiter südlich liegt die größte Stadt der Region, Albuquerque, die man eigentlich nicht besuchen muß. Sie ist schlicht und in erster Linie heiß. Man kann einkaufen und bei Souvenirs ein Schnäppchen machen – irgendwo um die Old Town Plaza herum gibt es während des Jahres immer attraktive Sonderangebote.
Im Oktober kann man mit dem Heißluftballon in die Lüfte abheben.

Santa Fé ist die Hauptstadt der Adobe-Kultur. Selbst die Läden sind in dem traditionellen Stil geschmückt.

Wie heißt das: »Narrenhände beschmieren Tisch und Wände«? Die Reisenden des 17. Jahrhunderts verewigten sich an dieser Felswand.

Dann wird das Hot Air Balloon Festival gefeiert.

Westlich von Albuquerque gibt es viele kleine Indianerreservate, Pueblo-Dörfer liegen versteckt in der Wüste.

Über eine Nebenstraße erreicht man das El Morro National Monument. Es liegt an einer ganz alten Route, der Indianer und Eroberer gleichermaßen folgten. Bei El Morro gab es schattige Bäume, eine Quelle und schützende Felsen, so daß viele Reisende hier einige Tage Rast machten.

Und sie taten, was Reisende bis heute tun: Sie verewigten sich in den Sandsteinfelsen. Was heute vielfach verpönt ist, wurde bei El Morro zur Sehenswürdigkeit. So hat sich ein Juan de Oñate 1605 verewigt oder ein Don Diego de Vargas 1692. Es ist interessant, die Schriften zu studieren, Und nie wieder wird man den Spruch sagen: »Narrenhände beschmieren...« Hier war es kein Tisch, sondern bester Felsen und die Schreibereien wurden ein Nationaldenkmal.

Wo die Indianer heute noch leben: Von Gallup zum Canyon de Chelly

Wir kommen nach Gallup, ein Ort, der sich »Welthauptstadt der Indianer« nennt. Gallup hat einen Strip, der sich meilenweit an der Bahnlinie dahinzieht. Da gibt es jede Menge Souvenirläden und auch Schnapsläden. Die Souvenirläden sind für Reisende aus aller Welt gedacht, die Schnapsläden für die Indianer, die sich hier entsprechend eindecken, da in den Reservaten Alkoholverbot herrscht.

Hauptstadt der Indianer, zumindest der Navajos ist nicht Gallup, sondern Window Rock. Es ist das Verwaltungszentrum der Navajo-Nation. Zu sehen gibt es aber nichts.

Die Straße führt geradeaus und endlos durch die Wüste – bis zum Canyon de Chelly National Monument. Wieder »nur« Anasazi-Häuser in einem Canyon. Jawohl, wir haben schon viele gesehen, doch diese sind ganz besonders beeindruckend. Vielleicht liegt es auch daran, daß man einige Strapazen auf sich nehmen muß, will man sie sehen. Wir steigen bei glühender Hitze (Wasser nicht vergessen) in den Canyon hinunter und stehen nach eineinhalb Stunden Wanderung ergriffen vor einer Anasazi-Siedlung. Das »White House« ist für uns ein überwältigendes Erlebnis. Hier also haben sie vor langer Zeit gelebt... Denkpause in der Ruhe und im Schatten eines dürren Baumes. Dann geht es natürlich wieder bergauf, die Hitze setzt zu, der Schweiß läuft in Strömen. Endlich ist man wieder beim Auto und kann die Klimaanlage einschalten. Es gibt zwei sehr schöne Rundtouren, die jeweils am Canyonrand dahinführen. Sie bieten umwerfende und immer wieder neue Ausblicke in diese faszinierende Welt. Unten im Tal siedeln noch immer Indianer. Sie bauen Mais an, man kann die kleinen Felder vom Canyonrand aus gut erkennen.

Im engen aber fruchtbaren Flußtal wird auch heute noch Ackerbau betrieben, nicht viel anders als vor einigen hundert Jahren die Indianer.

Man muß schon in glühender Sonnenhitze in den Canyon hinuntersteigen, um zu den Ruinen zu gelangen, wo einst Anasazi-Indianer gelebt haben.

Und dann ist man enttäuscht. Die Hütten sind recht armselig, Schrottautos stehen vor der Haustüre.

Auf dem Rückweg nach Tuba City kommt man durch das Hopi-Land. Die Hopi-Reservation liegt wie eine Insel inmitten des Navajo-Landes. Die Erde ist steinig, Bergzüge durchtrennen das Land. Drei solcher Bergrücken gibt es, Mesas genannt. Third Mesa, Second Mesa und First Mesa. Die Hopi-Dörfer, auch Pueblos genannt, liegen auf diesen Bergrücken. Wenn man das Auto außerhalb stehen läßt, kann man sie auch besichtigen. Zwar gibt es kein generelles Fotografierverbot, doch spürt man überdeutlich, daß man besser die Kamera in der Tasche lassen sollte. Als ob es mit großen Lettern an die Pueblos gepinselt wäre: »Wir sind Indianer. Wir leben hier. Wir sind stolz. Wir sind eine enge Gemeinschaft.« Der Besucher ist und fühlt sich als Fremdkörper. Verstehen wird man diese Welt kaum. Drunten in der Ebene wird Mais angepflanzt, zartes Grün reckt sich inmitten eines unfruchtbaren Landes. Tuba City liegt nahe bei Flagstaff.

Die Zivilisation rückt in erfahrbare Nähe.

Kilometerweit führt die Straße schnurgerade durch Indianerland. Von diesen ist nicht viel zu sehen, weil sich ihre Hütten versteckt am Wegrand befinden. Da muß man schon abbiegen...

Utah
Arizona
Colorado
New Mexico
Bryce Canyon Nat. Park
Natural Bridges Nat. Mon.
Long Valley Junction
Glen Canyon
Lake Powell
Page
Marble Canyon
Kaibito
Kayenta
Mexican Hat
Bluff
Monument Valley Navajo Tribal Pk.
Teec Nos Pos
Round Rock
Grand Canyon Nat. Park
Colorado
North Rim
Grand Canyon Village
Tuba City
Little Colorado
Cameron
Hotevilla
Second Mesa
Keams Canyon
Chinle
Canyon de Chelly Nat. Mon.
Ganado
Gallup
Humphreys Pk. 3860
Wupatki Nat. Mon.
Sunset Crater Nat. Mon.
Ash Fork
Williams
Flagstaff
Leupp
Indian Wells
Winslow
Holbrook
Petrified Forest Nat. Park
Montezuma Castle Nat. Mon.
Prescott
Pine
Payson
Heber
Snowflake
Concho
St. Johns
Carrizo
McNary
Eager
Alpine
Fort Apache
Roosevelt
Sun City
Phoenix
Scottsdale
Apache Jct.
Cortez
Dolores
Mancos
Durango
Mesa Verde Nat. Park
Shiprock
Farmington
Bloomfield
Gobernador
Pagosa Springs
South Fork
Alamosa
4372
Fort Garland
San Luis
Capulin
Culebra Peak 4282
Romeo
Chama
Tierra Amarilla
Tres Piedras
Questa
Wheeler Peak 4011
Rio Grande
Taos
Ocate
Nageezi
Gallina
Lake Valley
Chaco Culture Nat. Hist. Park
Pueblo Pintado
Cuba
Los Alamos
Espanola
Santa Fé Baldy 3847
Mora
Bandelier Nat. Mon.
Santa Fé
San Felipe
San Ysidro
Las Vegas
Dilla
Thoreau
Grants
Albuquerque
Sandia Park
Ramah
Laguna
El Morro Nat. Mon.
El Malpais Nat. Mon.
Fence Lake
Los Lunas
Estancia
Encino
Belen
Vaughn
Trechado
Mountainair
Quemado
Polvadera
Corona
Magdalena
Datil
Socorro
Bingham
Ancho
San Antonio
Apache Creek
Carrizozo
Hondo
17
40
25
89
64
180
160
163
261
95
191
264
666
60
550
44
126
285
86
84
54

Regionen:

Arizona, Colorado, New Mexico

Anfangs- und Endpunkt:

Anschluß an die Canyonroute, Tuba City

Camperübernahme:

Los Angeles, Flagstaff, Phoenix

Größere Städte:

Santa Fé, Albuquerque

Nationalparks:

Navajo National Monument, Monument Valley, Mesa Verde National Park, Aztec Ruins National Monument, Chaco Culture National Historic Park, Bandelier National Monument, El Morro National Monument, Canyon de Chelly National Monument

Streckenlänge

Fahrtstrecke in ms/km: 1400/2250

Empfohlene Reisedauer

7 Tage

1. Tag: Flaggstaff - Monument Valley

Strecke: 215 ms;
Anfahrt: Flagstaff – Sunset Volcano Crater National Monument – Tuba City (siehe Canyonroute): 85 ms
Tuba City – Navajo National Monument – Monument Valley (130 ms)

Sehenswürdigkeiten:
Natur und alte Indianerkultur bietet das *Navajo National Monument*: Anasazi Ruinen; die Ruinen können nur von einem Aussichtspunkt aus besichtigt werden. Eine Besichtigung der Ruinen ist nur mit Führer möglich und muß einen Tag im zuvor reserviert werden. Die Runde dauert etwa anderthalb Stunden.
Obwohl auf Bildern schon tausendfach gesehen: die Felsendome des *Monument Valley*. Die grandiose Westernkulisse gehört übrigens des Navajo-Indianern, das Vistitor Center ist täglich von 9.00 bis 17.00 Uhr geöffnet.

Übernachtung
Bei der Anreise: *Sunset Volcano Crater National Monument* bei Flagstaff.
Nach der Route: *Monument Valley* (ein herrlicher Campingplatz mit dem absolut besten Blick)

2. Tag: Kayenta - Mesa Verde

Strecke: 180 ms;
Kayenta – Mesa Verde National Park

Sehenswürdigkeiten:
Mesa Verde National Park: Anasazi Ruinen, Visitor Center, geöffnet (nur im Sommer) täglich von 9.00 bis 17.00 Uhr.

Übernachtung:
Im National Park möglich.

3. Tag: Durango - Chaco

Strecke: 190 ms;
Durango – Aztec – Aztec Ruins National Monument – Bloomfield – Blanco Trading Post – Nageezi – Chaco Culture National Historical Park

Sehenswürdigkeiten:
Durango ist eine alte Westernstadt und für alle John-Wayne-Fans ein Muß. Viel Indianer-Historie bietet das *Aztec Ruins National Monument.* Was der Name nur zum Teil sagt: Es sind zwar Ruinen, aber nicht von Azteken, sondern von Anasazi-Indianern. Das Visitor Center ist täglich von 9.00 bis 17.00 Uhr geöffnet.
Auch im *Chaco Culture National Historical Park* finden sich Anasazi-Ruinen, im Mittelpunkt der Pueblo Bonito mit 600 Räumen.
Auch hier: Visitor Center, geöffnet täglich von 8.00 bis 18.00 Uhr (im Winter bis 17.00 Uhr).

Übernachtung:
Im *Chaco Culture National Historical Park.*

4. Tag: Nageezi - Bandelier

Strecke: 220 ms;
Nageezi – Cuba – San Ysidro – Canon – Los Alamos – Bandelier National Monument

Sehenswürdigkeiten:
Los Alamos: Die Geburtsstadt der Atombombe. Das Bradbury Science Museum of Los Alamos Laboratory zeigt die Entwicklung der Atombombe; geöffnet Dienstag bis Freitag von 9.00 bis 17.00 Uhr, Samstag bis Montag von 13.00 bis 17.00 Uhr.
Im *Bandelier National Monument* warten wieder Anasazi-Ruinen. Das Visitor Center ist täglich von 9.00 bis 17.00 Uhr geöffnet.

Übernachtung:
Im *Bandelier National Monument.*

5. Tag: White Rock - Santa Fé

Strecke: 170 ms;
White Rock – San Ildefonso Pueblo – Santa Clara Pueblo – Española – San Juan Pueblo – Taos – Taos Pueblo – Placitas – Chimayo – Tesuque Pueblo – Santa Fé

Sehenswürdigkeiten:
Die große Pueblo-Besichtigungstour: *San Ildefonso Pueblo, Santa Clara Pueblo, San Juan Pueblo* geben Einblick in die Welt der Pueblo-Indianer. Allerdings schätzen diese ihre Gäste nicht sonderlich. Abschrecken darf man sich dennoch nicht lassen, zumindest einen Pueblo sollte man sich ansehen.
Taos: Adobe-Häuser, Pueblos, Kit Carson Museum, geöffnet täglich von 8.00 bis 18.00 Uhr, im Winter von 9.00 bis 17.00 Uhr.
Chimayo ist ein Wallfahrtsort, sehenswert dort auch die Missionskirche.
Und *Santa Fe* ist eine Stadt wie aus dem Kino, das gilt vor allem für die Altstadt und die Adobe-Häuser.
Ohne Zweifel eine Stadt, in der der Wilde Westen noch lebt.

Übernachtung:
Im *Hyde Memorial State Park* bei Santa Fé finden sich vorzügliche Stellplätze.

6. Tag: Alberquerque - El Morro

Strecke: 210 ms;
Albuquerque – Mesita – Acoma Pueblo – Grants – El Malpais National Monument – El Morro National Monument

Sehenswürdigkeiten:
In *Albuquerque* lohnt die Besichtigung des Stadtzentrums, außerdem bietet die Einkaufsmall prima Gelegenheiten, Souvenirs zu erstehen, aber auch Vorräte zu ergänzen. Im Oktober findet das Hot Air Ballon Festival statt.
Das *Acoma Pueblo* ist eine Besichtigung wert, noch mehr davon finden sich beim *El Malpais National Monument.*
Keine Anasazi-Ruinen, dafür höchst interessante Felsinschriften machen den Reiz des *El Morro National Monument* aus. Das Visitor Center öffnet täglich zwischen 9.00 und 17.00 Uhr.

Übernachtung:
In der Nähe des *El Morro National Monument* findet sich auch ein privater Campground.

7. Tag: Gallup – Canyon de Chelly

Strecke: 140 ms;
Gallup – Window Rock – Ganado – Chinle – Canyon de Chelly National Monument

Sehenswürdigkeiten:
Auch wer sie schon beinahe nicht mehr sehen kann: Die Anasazi-Häuser im *Canyon de Chelly National Monument* sollte er unbedingt in Augenschein nehmen. Auch die Canyonlandschaft ist absolut gigantisch. Zwei sehr schöne Rundtouren möglich. Infos dazu im Visitor Center, geöffnet täglich von 9.00 bis 17.00 Uhr.

Übernachtung:
Außerdem: Stellplätze für die Nacht im *Canyon de Chelly National Monument.*

8. Tag: Chinle – Tuba City – Flaggstaff

Strecke: 245 ms;
Chinle – Keams Canyon – Hotevilla – Tuba City und Rückfahrt nach Flagstaff

Sehenswürdigkeiten:
Wenig, was man nicht schon woanders gesehen hätte. Pueblos, zur Abwechslung einmal von Hopi-Indianern, nicht von Navajos, steinige Erde, dürres, heißes Land, kleine Maisfelder. Die Indianer sind sehr stolz und wollen wenig mit Touristen zu tun haben.

Übernachtung:
Wer unbedingt übernachten will, tut dies am besten beim *Sunset Crater National Monument* in der Nähe von Flagstaff.

Die Indianer

Die Ureinwohner Amerikas heißen zwar Indianer, verdanken ihren Namen aber einem Irrtum. Als Christoph Kolumbus 1492 auf den Bahamas an Land ging, glaubte er, sich in Indien zu befinden – und bezeichnete die Eingeborenen einfachheitshalber als »Indianer«. Das Wort wurde zum Sammelbegriff, hinter dem sich viele und unterschiedliche Völker verbergen: von den Bewohnern des Hochlands von Peru bis zu den Nomadenstämme der nordamerikanischen Wüstengebiete reicht der Begriff Indianer. Alle diese Völker haben nur eines gemeinsam: Sie sind asiatischen Ursprungs und wanderten vor 10 000 oder 20 000 Jahren über die Behringstraße nach Amerika ein und verteilten sich entlang der Rocky Mountains bis an die Südspitze von Südamerika.

Auf der von uns empfohlenen Route kann man die sogenannten Southwest-Indians erleben. Über ihre Kultur wissen wir heute relativ viel. Man unterscheidet auf der einen Seite Holokam-Kultur (700 v. Chr. bis 1300 n. Chr.) und Mogollon-Kultur (300 bis 1300 n. Chr.) und auf der anderen Seite Korbmacher-Kultur (500 v. Chr. bis 600 n. Chr.) und Pueblo-Kultur (bis 1200 n. Chr.), die auch unter dem Begriff Anasazi zusammengefaßt werden.

Heute gibt es in den Bundesstaaten Arizona und New Mexico rund eine halbe Million Indianer. Zu einem großen Teil leben sie in Reservaten, aber auch in den großen Städten wie Phoenix, Tucson oder Albuquerque. Die Reservate sind nicht zu besichtigen. Vielfach künden Schilder an, daß Besucher unerwünscht sind. Die Indianer sind zurückhaltend geworden; Fremde haben keinen Zutritt. Man benötigt Zeit, wenn man Vertrauen gewinnen will – auf einer Urlaubsfahrt kann man nicht in die Geheimnisse der Indianerkultur eintauchen.

Will man ein Stück Indianerkultur mitnehmen, muß man auf Kunstgewerbeartikel ausweichen. Die Navajos und Hopis sind berühmt für ihren Silber- und Türkisschmuck. Eine andere Besonderheit sind die Kachinafiguren, Holzschnitzereien, die ursprünglich Verstorbene symbolisierten. Sie bildeten die Person nicht deutlich ab, sondern begnügten sich mit einer abstrakten Darstellung. Besondere Tradition hat die Töpferei, die immer noch in traditioneller Weise, wie seit 2000 Jahren üblich, hergestellt wird. Die Muster wurden häufig von Generation zu Generation überliefert.

IT NEVER RAINS IN SOUTHERN CALIFORNIA

Durch Vergnügungsparks und Wüstenland

Von Los Angeles in das Death Valley und dorthin, wo die Mammutbäume wachsen. Zurück entlang der Pazifikküste.

Wo Engel wohnen: Los Angeles

Die »Stadt der Engel« – so heißt der Name übersetzt – ist vieles, aber auf jeden Fall keine homogene Stadt. Sie ist das Konglomerat von fast 100 kleineren und größeren Orten, die nahtlos ineinander übergehen. Während in New York, den »big apple« unpräpariert hineingebissen werden kann, muß Los Angeles, die »big orange« erst geschält werden, ehe man sie genießen (oder auch nur annähernd verstehen) kann. Ein Einfamilien-Häusermeer so groß wie Schleswig-Holstein versteckt sich hinter dem Kürzel L.A., das plakativ wie eine Werbebotschaft für Sonne, Strand und Lifestyle steht. Die Werbebotschaft stimmt: Die Sonne scheint fast ununterbrochen und am Strand kann man den individuellen Lebensstil der Südkalifornier bewundern. Und doch stimmt die Werbebotschaft auch nicht: Die Endlosigkeit gleichartiger Stadtviertel kann einem auf die Nerven gehen, der Smog beeinflußt selbst die gute Laune der Einheimischen und die »schwarzen« Vororte zeigen, daß die Lebensqualität sehr unterschiedlich ist. Der Besucher braucht einige Zeit, bis er ein Verhältnis zu dieser Megastadt findet. Schon allein die Ausmaße sind gewöhnungsbedürftig: Von Nord nach Süd dehnt sich Greater Los Angeles 80 km, von West nach Ost gute 150 km aus. In diesem Gebiet leben 14,5 Millionen Einwohner. Ein dichtes Netz von Freeways durchzieht L.A., diese autogene Stadt. Über 2000 km Autobahn geben der Metropole ihre Struktur, verbinden Städte und Dörfer miteinander. Ohne Ende pulsiert ein Strom von Autos in diesem Netzgeflecht der Stadt. L.A. ist ein Synonym für Stadt-Erleben. Als Besucher wird man nur einen Zipfel dieses Gefühls erfassen, trotzdem oder gerade deswegen ist es erlebens-wert, sich darauf einzulassen.

Für amerikanische Verhältnisse ist Los Angeles eine »alte« Stadt mit historischen Gebäuden. Lebten über Jahrhunderte verschiedene Indianerstämme mehr oder weniger ungestört in Südkalifornien, änderte sich dies erst 1781 als Los Angeles gegründet wurde. Felipe de Neve und 44 weitere spanische Siedler gründeten den Ort Nuestra Señora la Reina de Los Angeles del Rio de Porciuncula zu Ehren der Schutzheiligen einer Kapelle von Assisi in Italien. Aus dieser Zeit stammen die Mission San Gabriel Arcangel (östlich von downtown in San Gabriel), und die Mission San Fernando Rey de España (nordöstlich von downtown in San Fernando). Kalifornien gehörte in dieser Zeit zu Mexiko, das sich 1821/22 für unabhängig erklärte. 1846 wurde die unabhängige Republik Kalifornien ausgerufen, die aber nur vier Wochen Bestand hatte, bis die USA im Krieg gegen Mexiko den jungen Staat annektierten. Östlich von downtown in Montebel-

Am Strand treffen sich die Schönen. Ihnen ist nicht anzusehen, ob sie reich oder arm sind. So ist Los Angeles irgendwie auch richtig demokratisch.

lo befindet sich das Rio San Gabriel Battlefield, auf dem am 8.1.1847 die Entscheidungsschlacht stattfand. In der Nähe der Universal Studios erstreckt sich das Campo de Cahuenga, auf dem sich der Kommandeur der mexikanischen Truppen den Amerikanern (13.1.1847) ergab.

Nicht viel später brach das Goldfieber aus. L.A. wuchs rasch. 1850 wurde Kalifornien als 31. Staat in die Union aufgenommen. Am 5.9.1876 wurde die Eisenbahnlinie zwischen San Francisco und Los Angeles fertiggestellt, Los Angeles damit an die transkontinentale Eisenbahnlinie angeschlossen, was wiederum ein Wachstum der Stadt mit sich brachte.

Im Pico Canyon wurde am 26.9.1876 die erste Ölquelle in 91 Metern Tiefe entdeckt; pro Tag förderte man bis zu 5000 Liter Öl. In der Nähe entstand bald die erste Erdölraffinerie. 1913 floß das erste Wasser durch das Owens-Aquädukt aus den Bergen nach Los Angeles. Im gleichen Jahr mietete Cecil B. DeMille in Hollywood die Hälfte eines Schuppens und produzierte den ersten Film Hollywoods in Normallänge. Der Film hieß »The Squaw Man« (Der Mann

der Indianerin). Später gesellte sich Samuel Goldwyn hinzu. 1927 zog das Team in die Paramount Studios um. Ganz in der Nähe, in Venice, begann 1914 für Charlie Chaplin eine traumhafte Filmkarriere.

Die Weltwirtschaftskrise (1929-40) löste auch in L.A. den wirtschaftlichen Zusammenbruch aus, aber danach standen alle Konjunkturparameter auf Wachstum. 1940 wurde die erste Autobahn, der Pasadena Freeway, eröffnet. 1955 öffnete der Vergnügungspark Disneyland seine Tore. 1967 machte der Ozeanriese Queen Mary in Long Beach fest und wurde zum Hotelschiff umgebaut. 1984 fanden die olympischen Spiele in Los Angeles statt und prägten das Markenzeichen L.A. in aller Welt ein.

In jüngster Vergangenheit gingen auch weniger positive Meldungen durch die Medien. 1989 erschütterte ein Erdbeben mit der Stärke 7,1 die Stadt, 1991 suchte ein Großbrand Uptown heim; 1992 brachen Unruhen aus, die Los Angeles Riots, nach dem Freispruch einer weißen Streifenwagenbesat-

Kalifornien ist das Land der Illusionen. Ein Bild kann den Charakter einer ganzen Landschaft nachhaltig verändern. Lebt man in der Wirklichkeit oder in der Filmwunderwelt?

zung, die wegen Verprügeln eines schwarzen Autofahrers angeklagt worden waren. 1993 vernichtete ein Großbrand wiederum viele Villen in den Außenbezirken der Stadt und 1994 erschütterte ein mittleres Erdbeben die Stadt und man befürchtet zu Recht, daß der Sankt Andreas Graben noch lange nicht zur Ruhe kommt.

Die Stadt läßt sich nur geplant besichtigen. Man benötigt ein Auto, eine Straßenkarte, Badehose und Handtuch und etwas Kleingeld für die Parkuhren.

Oft hört man, Los Angeles habe kein Zentrum. Dies entspricht nicht der Realität. Historisches Zentrum ist downtown, auch wenn dort keine Wolkenkratzerkulisse glänzt.

Der Geburtsort von L.A. ist El Pueblo de Los Angeles. Nach der geschichtlichen Überlieferung ließen sich hier (1781) die ersten Siedler, elf spanische Familien mit ihren schwarzen Sklaven, nach hunderttägigem Fußmarsch aus Mexiko nieder und begannen mit dem Aufbau des Ortes. Diese Tatsache würdigt der El Pueblo State Historic Park. Aus der Gründungszeit sind keine Gebäude erhalten und selbst die Missionskirche Nuestra Señora la Reina de los Angeles ist bereits der dritte Sakralbau an dieser Stelle und stammt aus dem Jahr 1860. Mittelpunkt und touristisches Kernstück ist die kurze Olvera Street, seit 1930 ist sie im Stil einer mexikanischen Hauptstraße gestaltet. Manches mutet sehr touristisch an, dennoch hat sie sich zu einem beliebten Treffpunkt für die große mexikanische Gemeinde von L.A. herausgebildet. Man kann Souvenirs erstehen und original mexikanische Küche probieren. Selbstverständlich spielen mexikanische Mariachi-Musikgruppen in den Restaurants auf und der Tequila fließt in Strömen. Avila Adobe ist das älteste Gebäude nicht nur der Olvera Street, sondern von ganz L.A.. Es wurde 1818 von Don Francisco Avila errichtet. Das Haus stand auch schon im Brennpunkt der politischen Ereignisse: 1847 diente es als amerikanisches Hauptquartier im Krieg gegen Mexiko. In dem Haus befindet sich heute ein Museum, in dem sehenswerte Einrichtungsgegenstände aus dem alten Kalifornien (Mitte 19. Jahrhundert) ausgestellt sind.

Jenseits der Olvera Street befindet sich die Union Station aus dem Jahr 1939. Hier schlägt das Herz des neuen Metro Rail Systems. Die Blue Line, der Anfang (von downtown nach Long Beach) eines geplanten, 400 Meilen umfassenden Verkehrsprojektes, wurde vor ein paar Jahren der Öffentlichkeit übergeben. Das alte Bahnhofsgebäude im spanisch-mexikanischen Stil hat seinen Flair behalten. Es ist einer der größten Bahnhöfe des Landes und beeindruckt besonders durch seinen riesigen Warteraum mit einer 16 Meter hohen Holzbalkendeckenkonstruktion.

Im Norden liegt Chinatown. Das Viertel ist nicht so berühmt wie die Chinatown von San Francisco und die Amerikanisierung ist bereits weit fortgeschritten. In die Welt der chinesischen Kultur kann man sich höchstens noch beim Kong Chow Temple versetzt fühlen. Die großen Kupferkessel mit Räucherstäbchen bestimmen das Bild des Volkstempels, in den zu jeder Tageszeit Chinesen zum Gebiet kommen.

Südlich der Olvera Street befindet sich die City Hall. Mit ihren 28 Etagen war sie einst das höchste Gebäude von Südkalifornien. Der Bau kostete schon 1928 die astronomisch Summe von fast fünf Millionen US-Dollar. Der Ruhm des höchsten Gebäudes ist schon lange dahin. Selbst in downtown gibt es höhere und,– das war Bedingung – erdbebensichere Gebäude. (Höchstes Gebäude der Stadt ist die First Interstate Bank.) Von der City Hall hat man noch immer einen schönen Blick auf downtown, sofern der Smog dies zuläßt.

Nicht weit entfernt ist Little Tokyo, in dem man der japanischen Kultur begegnen kann. Es ist angeblich die größte japanische Ansiedlung außerhalb Japans und verfügt über viele japanische Warenhäuser und Restaurants (Sushi-Bars). Hier ist auch der richtig, der in einer Karaoke-Bar Unterhaltung sucht. Besuchenswert ist die Japanese Village Plaza mit 26 exquisiten Geschäften und 14 Restaurants. Beim Japan America Theatre dehnt sich ein traditioneller japanischer Garten aus, eine ruhige Oase inmitten der Großstadt.

Etwas weiter nordwestlich befindet sich das Music Centre, das Stammhaus der Philharmoniker von Los Angeles. In dem Komplex ist ebenfalls das Mark Taper Forum,

Die Metropole ist geprägt durch einen Vorort. Sein Name prangt in weißen Lettern hoch am Hügel: Hollywood, die Traum- und Filmstadt.

das Ahmanson Theatre und der Dorothy Chandler Pavillon untergebracht, der allein über 3000 Sitzplätze verfügt. In diesem Saal findet jährlich die Verleihung der Academy Awards statt. Man befindet sich hier im Stadtviertel Bunker Hill, einem Geschäftsviertel, das bereits seit einigen Jahren neu und immer neuer gestaltet wird. Hier befindet sich das sehenswerte Museum of Contemporary Art (MOCA). Das Museum wurde von dem japanischen Architekten Arata Isozaki gestaltet und besteht aus Pyramiden, zylindrischen und kubischen Formen. Im Inneren werden Fotografie, Malerei und Bildhauerwerke der Moderne gezeigt.

Die ARCO Plaza heißt eigentlich Atlantic Richfield Company Plaza; der Bau ist leicht an den 213 Meter hohen Zwillingstürmen zu erkennen. An der ARCO Plaza befindet sich auch das 1978 erbaute Westin Bonaventure Hotel mit seinen fünf zylindrischen Türmen. Im 35. Stockwerk ist ein rotierendes Restaurant eingerichtet, von dem man in smogfreien Zeiten einen herrlichen Panoramablick hat.

1870 ließen sich die ersten Siedler in Hollywood nieder. Ein gutes Jahrhundert später, 1991, veranlaßte die Stadtverwaltung ein gründliches Liften der Stadt, so daß Hollywood heute im besten Touristenlicht erstrahlt. Bereits 1978 wurde das weithin sichtbare und bekannte Hollywood Sign auf dem Mt. Lee renoviert, ursprünglich eine Art Werbeplakat, heute das Markenzeichen einer ganzen Region. Die weltberühmten Buchstaben wurden 1923 angebracht und sollten eigentlich unter dem Namen »Hollywoodland« auf preiswertes Bauland aufmerksam machen. (Wer die weltbekannte Buchstabenkombination fotografieren möchte, tue dies am besten vom Deronda Drive aus.)

Mittelpunkt der Stadt ist der Hollywood Boulevard mit seiner wichtigsten Sehenswürdigkeit, dem Mann's Chinese Theatre. Die Fassade versetzt in die glitzernde Welt des Films; im Inneren befindet man sich tatsächlich in den heiligsten Hallen der Filmbranche. Hier durften sich über 200 auserwählte Stars durch Hand- und Fußabdrücke sowie Autogramme im Zement verewigen. Das Gebäude trägt heute noch den Beinamen »King of Theatres« und wer genügend Zeit hat, sollte sich ruhig in dieser geschichtsträchtigen Gegend einen Film anschauen. Draußen auf dem Bürgersteig, dem Walk of Fame oder dem Walk of Stars sind die Namen der Stars, von Messingsternen umrandet, in den Gehweg eingelassen. Die Stars und die, die es werden wollten, mußten dafür harte Dollar an die Stadtverwaltung bezahlen. Am Hollywood Boulevard gibt es eine ganze Reihe »Unterhaltungsmuseen«: The Guinnes World of Records Museum (6764 Hollywood Blvd.) zeigt ernsthafte und weniger ernst zu nehmende Weltrekorde. Ripley's Believe it or Not! Odditorium (6780 Hollywood Blvd.) ist ein Museum voller Nonsens und Kuriositäten. Wer berühmte Stars sozusagen »leibhaftig« sehen will, begebe sich zum Hollywood Wax Museum (6767 Hollywood Blvd.). Hier kann man die Filmgrößen von Angesicht zu Angesicht sehen. Und noch eine Besonderheit gibt es: Im Frederick`s of Hollywood Lingerie Museum (6608 Hollywood Blvd.) kann man Madonnas Büstenhalter und das erste Kleid, das Milton Berle im Fernsehen trug (und noch viele andere Wäsche- und Kleidungsstücke) bewundern.

Das Herz des alten Hollywood schlug an der Kreuzung Hollywood Boulevard und Vine Street. Nüchtern betrachtet mag die karge Straßenecke enttäuschen, anderseits befindet man sich hier auf den authentischen Fußspuren legendärer Stars. Optisches Aufsehen verursacht lediglich das Gebäude der Capitol Records, das bezeichnenderweise nicht von einem Architekten, sondern vom Komponisten Johnny Mercer und vom berühmten Nat »King« Cole entworfen wurde. Es gleicht einem Stapel 45er-Schallplatten.

Nicht weit entfernt ist die Hollywood Bowl, ein riesiges Amphitheater, in dem bis zu 30 000 Menschen Platz finden.

Eine Parallelstraße zum Hollywood Boulevard ist der Sunset Boulevard. Dort spielt sich das Nachtleben ab. Weltweit ist der Straßenzug bekannt als Sunset Strip; zu seinem Ruhm trug auch die Uralt-Fernsehserie »77 Sunset Strip« bei. Früher gab es hier die berühmtesten Nightclubs der Welt, Mocambo, Trocadero und Ciro`s. Aber auch in Hollywood änderten

In den Kulissenstraßen der Universal Studios kann man spazierengehen und natürlich Souvenirs in Hülle und Fülle einkaufen.

sich die Zeiten. Viele Clubs verschwanden, neue etablierten sich. Heute zählt The Troubadour (9081 Santa Monica Blvd.) zu den berühmtesten Adressen.

Zu Hollywood gehören im weitesten Sinne die Universal Studios (Universal City, zu erreichen über den Hollywood Freeway 101). Auf dem alten Studiogelände kann man hinter die Kulissen der Filmwelt blicken. Im unteren Teil liegen die alten Studios und gut gemachte Führungen rauben sozusagen die letzten Illusionen: Sound- und Showtricks zeigen brilliante Handwerkskunst. Aber das kann in USA natürlich nicht alles sein. Im höher gelegenen Teil befinden sich die modernen Attraktionen. So wird man zum Beispiel zu visionären Fahrten durch den Weltraum (Back to the Future) eingeladen. Handwerkskunst oder perfekte Simulation bringen einen ganz schön ins Schwitzen.

Die größte Sehenswürdigkeit ist zweifelsohne die Fahrt mit einer Bahn durch die Studios, auf der man eine Überschwemmung erlebt, ein Erdbeben, einen Brückeneinsturz und einen Angriff von King Kong. Alle Fahrgäste überleben die Abenteuer, manche jedoch etwas mitgenommen. Sie erholen sich bei einer eisgekühlten Coke am nächsten Getränkestand.

Nördlich von Hollywood befindet sich der Griffith Park, ein Geschenk des Zeitungsverlegers Griffith J. Griffith 1896 an die Stadt. Er ist mit 16 qkm der größte Stadtpark in den USA. Sehenswert ist der Los Angeles Zoo, der in dem Park beheimatet ist – besonders das Vogelhaus, das Koalahaus und das Reptilienhaus. Man kann sich auch einen guten Überblick über die amerikanische Tierwelt verschaffen. Weiterhin befindet sich in dem Park das Griffith Park Observatory (Planetarium und Hall of Science) und das Gene Autry Western Heritage Museum (Geschichte und Kultur des westlichen Amerika).

Wo die Reichen und Berühmten leben: Beverly Hills

In Beverly Hills leben etwa 35 000 Einwohner. Die Stadt wurde im Jahr 1906 gegründet und nach einer Farm im Bundesstaat Massachusetts benannt. Beverly Hills hat heute den Ruf, Wohnort der Superreichen zu sein. Ein Bummel durch den Villenort kann nicht empfohlen werden, es sei denn, man möchte Bekanntschaft mit der Polizei oder einer der vielen privaten Wachmannschaften machen. Es ist schlichtweg unüblich, dort zu Fuß zu gehen. Außerdem wird man vermutlich enttäuscht sein, denn die Villen verstecken sich weitgehend hinter hohen Hecken und Mauern. Höchstens eine Fahrt mit dem Auto durch den Ort ist zu empfehlen. Das Auto wiederum kann man an neun ausgewiesenen Parkplätzen stehen lassen – zwei Stunden sind kostenlos –, um die Umgebung, in erster Linie exklusive Läden, zu erkunden.

Das so genannte »Golden Triangle« befindet sich zwischen Crescent Drive, Wilshire und Little Santa Monica Boulevard. Fast genau im Zentrum ist der Rodeo Drive, wo man Beverly Hills vielleicht am besten erleben kann. Es ist noch immer das Mekka der Modewelt; exklusive Boutiquen, Juwelierläden und Kunstgalerien reihen sich aneinander. Das Who's Who der Designer-Welt läßt sich an den Ladentüren ablesen: Giorgio Armani, Valentino, Yves Saint Laurent, Christian Dior, Bernini, Gucci, Gianni Versace, Adrienne Vittadini, Bijan, Chanel, Hermés, Louis Vuitton sind nur einige Namen. Selbstverständlich ist es hier nicht ungewöhnlich, den einen oder anderen Rolls Royce durch den Ort rollen zu sehen. Die wichtigsten Einkaufszentren sind Rodeo Collection und Two Rodeo. Das einzige historisch wichtige Gebäude ist die Beverly Hills City Hall (Santa Monica Blvd.), 1932 im spanischen Barockstil erbaut.

Die Geschichte der Filmstars wird in der Academy of Motion Picture Arts and Sciences (8949 Wilshire Blvd.) gezeigt. Die Akademie ist bei den Einheimischen besser bekannt unter dem Spitznamen »Heim von

Wie die Reichen leben? Auf der einen Seite ankert das Schiff, auf der anderen Seite parkt der Luxusschlitten – der Tourist kann sich ein Bild davon machen.

Oscar«. Man erfährt dort alles über die Filmbranche und die wichtigsten Filme.

Der wichtigste Stadtteil im Nordosten von Los Angeles ist Pasadena mit ungefähr 125000 Einwohnern. Er hat noch immer den Ruf einer »Künstlerkolonie«, wenngleich die gerühmten künstlerischen Impulse, die bereits Ende des 19. Jahrhunderts von Pasadena ausgingen, heute eher kommerzielle Relikte sind. Die Künstler haben sich in ruhigere Regionen zurückgezogen. Schmuck gibt sich die Stadt zum alljährlichen Rosenfest, Tournament of Roses, das seit 1890 zum Neujahrstag gefeiert wird. Ein großer Zug mit phantasievoll geschmückten Wagen schlängelt sich durch die Straßen von Pasadena.

Historisches Zentrum ist Old Pasadena (zwischen Pasadena Ave. und Arroyo Freeway). Zur Abwechslung läßt man das Auto stehen und macht einen Spaziergang durch das alte Viertel. Hier ist es gut möglich, zu Fuß kleine Galerien, Cafés, originelle Läden, alte Wohnhäuser zu entdecken. Nordwestlich befindet sich das Norton Simon Museum (411 W. Colorado Blvd.). Es ist ursprünglich das Privatmuseum des Industriellen Norton Simon, der bis zur Mitte des 20. Jahrhundert Kunstgegenstände aus der ganzen Welt zusammengetragen hat. Bekannt ist die Gemäldeausstellung (u.a. Braque, Cézanne, Degas, van Gogh, Goya, Gris, Hals, Matisse, Monet, Rembrandt, Renoir und Rubens) und die Südostasienabteilung des Museums.

Im Süden von L.A. befinden sich die Vergnügungsparks: Anaheim mit Disneyland, Buena Park mit Knott's Berry Farm und Garden Grove mit Crystal Cathedral. Disneyland ist der glücklichste Platz auf Erden, so jedenfalls tönen die Werbeslogans. Auch die, die's nicht glauben, besuchen die Mickymäuse. Es gehört eben dazu. Wer zum zweiten Mal L.A. besucht, wird auf etwas Abwechslung achten und lieber Knott's Berry Farm aufsuchen – und feststellen, daß die Abwechslung gar nicht so groß ist. Interessant ist die Entwicklungsgeschichte der Farm, weil sie echtes amerikanisches Leben ist. Einst verkaufte ein kleiner Farmer namens Walter Knott in Buena Park seine Früchte und Gemüse an der Straße. Er kam bald zu der Einsicht, daß er wohl bei allem Fleiß nicht Millionär werden würde. Da las er von der Young-Beere, einer Kreuzung von Brom- und Himbeere. Sofort pflanzte und verkaufte er die neuen Beeren. Das Geschäft ging gut bis zur Weltwirtschaftskrise. Während alle anderen verkauften und pessimistisch in die Zukunft blickten, kaufte er von seinem letzten Geld noch mehr Land für seine Beerenzucht und vertraute auf bessere Zeiten. Und nochmals hörte er von einer neuen Beerenzüchtung, einer Kreuzung aus Logan-, Brom- und Himbeere. So typisch amerikanisch setzte er alles auf eine Karte, riskierte, stellte auf die neue Beere um und gewann. Die Leute strömten, um die prächtigen Beeren zu kaufen. Frau Knott machte eine Imbißstube auf, dann einen Restaurantbetrieb. Und wenn einmal so viele Menschen kommen, um Beeren zu kaufen, im Restaurant zu essen, dann könnten sie doch auch Sinn für noch mehr Vergnügen haben, auf eine authentische Wildweststadt vielleicht, eine Schmalspur-Eisenbahn, und noch andere Fahrgeschäfte... Heute spricht von den Beeren niemand mehr.

Ein Erleben ganz anderer Art bietet die Crystal Cathedral in Garden Grove, eine Glaskathedrale, die sich wie ein vierzackiger Stern etwa 40 Meter hoch in den Himmel streckt.

Bei Barstow: Schnurgerade führt die Straße durch die Mojave-Wüste.

Death Valley: Falten durchziehen das Land. Hier wächst nichts, hier leben keine Menschen. Und doch ist das Land wunderbar. Die Schatten der Nachmittagssonne modulieren ein bemerkenswertes Gebilde.

Die Orgel ist eine der größten der Welt und der Prediger wetteifert mit den benachbarten Schauspielern. Im »Einkaufszentrum Gottes« kann man auch an Drive-in-Gottesdiensten teilnehmen. Besonders beliebt sind die weihnachtlichen und österlichen Festspiele.

Zum Tal des Todes

Nach einiger Zeit, kürzer oder länger, will jeder der Stadt entfliehen. Er hat viele Möglichkeiten. Die folgende ist besonders kontrastreich: Die Interstate 15 führt durch die Mojave Wüste und damit zunächst hinein in die Einsamkeit. Ein Schock stellt sich ein. Von der Üppigkeit L.A.s kommen wir hinein in eine der trockensten Zonen der Erde. Nur 50 mm Niederschlag im Jahr bewässern eben noch die Kakteen. Die Straße ist gerade, die Erde verbrannt und die Wüstengräser dünn. Gut, daß bald Barstow kommt, 20 000 Einwohner, Drehscheibe und Verkehrsknotenpunkt in der Wüste. Das Städtchen nennt sich Tor zur Wüste. Zunächst ist es aber Tor zur Calico Ghost Town (Regional Park), die nur 15 Kilometer entfernt ist. Der Besucher wird zurückversetzt in die Zeit als noch nicht

zwei Highways durch die Wüste führten, sondern als Prospektoren, Glückritter und Goldsucher mühsam auf dem Pferderücken durch die Hitze ritten. 1881 gegründet, lebten in Calico einst 4000 Menschen vom Silberbergbau und hielten 22 Saloons am Laufen. 1907 verfiel der Silberpreis und die Stadt hatte ausgedient. 1950 kaufte sie ein uns bekannter Walter Knott auf und erschuf eine Geisterstadt für Touristen. Sie ist amerikanisch, das heißt der Kommerz blickt aus jeder Ecke, aber sie ist auch eindrucksvoll: eine Westernstadt aus der alten Zeit – es soll sogar noch Originalgebäude geben.

Wir atmen nochmals tief durch, trinken einen Whiskey, um die Nerven zu beruhigen und dann geht es ins Death Valley.

Beim Campervermieter mußten wir unterschreiben, daß wir nur auf eigenes Risiko das Death Valley befahren, an der Straße dorthin erwarten uns entsprechende Warnschilder. Geschichten hört man ohnehin genügend: Die Reifen schmelzen und die Motore kollabrieren.

Vorhergehende Seite:
Death Valley: Sanddünen mitten im kargen Hinterland, kaum Vegetation, brütende Hitze. Gerade diese Kombination zieht die Touristen an. Sie genießen ein bestimmtes Prickeln im Tal des Todes.

Alles halb so schlimm. Die Straße ist geteert, in Furnace Creek gibt es nicht nur Souvenirgeschäfte, sondern auch einen starken Abschleppdienst. Überall am Wegrand kann man sich mit Kühlerwasser eindecken und außerdem wachen

die Ranger über das Wohl der Besucher, auch im Sommer. Zugegeben es ist etwas wärmer als sonst, das Thermometer klettert locker auf 50°C und nachts können wir nicht besonders gut schlafen. Aber dafür ist die Landschaft umso schöner, sogar unglaublich eindrucksvoll. Da ist Devil's Golf Course, der ausgetrocknete Teil eines Salzsees mit scharfkantigen Salzschollen. Nur der Teufel kann hier Golf spielen. Nie vergessen werden wir Zabriskie Point, wo man von einer Anhöhe aus auf ein

Ein See? Ein ausgetrockneter See. Nur Salz ist übrig geblieben und dieses glitzert in der Sonne.

Man kann selbstverständlich im Death Valley übernachten. Es gibt mehrere Campingplätze. Da aber auch nachts die Temperatur noch gut 40 Grad beträgt, ist die Nachtruhe doch etwas eingeschränkt.

unwirkliches Meer von wellenförmigen gelben und braunen Hügeln und Tälern blickt. Besonders morgens und abends vollbringt die Sonne ein reizvolles Schattenspiel. Ein Erlebnis sind auch die eleganten Sanddünen bei Stovepipe Wells, die völlig überraschend auftauchen. Ungewöhnlich ist auch Scotty's Castle, das ein Multimillionär mitten in der Wüste erbauen ließ. Für den Europäer vielleicht nicht unbedingt ein Muß, aber die Amerikaner strömen in Scharen.

Death Valley und Sequoia National Park sind nur 50 Meilen voneinander entfernt. Aber kein Weg bringt die beiden zueinander. So müssen wir die »14« nach Süden bis Mojave, die »58« nach Westen bis Bakersfield und schließlich die »65« nach Norden bis Porterville fahren, um endlich einen Zugang zum Park zu finden.

Von Paradiesen und Mammutbäumen

Zwischen Bakersfield und Porterville liegt das Paradies der Früchte. Zunächst fahren wir an endlos scheinenden Limonenbuschgärten und Obstplantagen vorbei. An der Straße locken paradiesische Obststände. Halten, einkaufen, heute ist ein Obsttag gerade richtig.

Wir haben ausreichend Früchte getankt, ehe wir in die Gebirgslandschaft des Sequoia und Kings Canyon National Park fahren. Die große Sehenswürdigkeit sind die Mammutbäume, die schon bis zu 3500 Jahre lang hier stehen. Sie gelten volumenmäßig als die mächtigen Bäume der Erde (nicht zu verwechseln mit den höchsten Bäumen, die Redwoodbäume an der nordamerikanischen Küste). Naturfreunde kommen in beiden Parks auf ihre

Kosten: Mammutbäume und mehr als 1200 andere Pflanzenarten, über 200 Vogelarten vom Adler bis zum Kolibri und natürlich Felsen, Schluchten, grandiose Canyons.

Außerhalb der Nationalparks, bei Fresno etwa, befinden wir uns wieder inmitten Obst- und Gemüseland: endlose Felder voller Tomaten, Melonen, Orangen. Dann die Rosinenfarmen: Seit 1873 setzt man auf die bewährte Trockenmethode. Das heiße Tal ist wie geschaffen dafür und die Arbeitskräfte sind billig. Sie stammen aus Mexiko, viele sind Illegale und sprechen nur spanisch. Sie sind die Schöpfer der berühmten kalifornischen Rosinen.

Der Yosemite National Park ist majestätische Hochgebirgslandschaft mit Zedern und Ponderosa-Kiefern. Auch hier findet man wieder die Giganten der Wälder, Mammutbäume. Sie stehen seit Jahrhunderten unberührt von allem, stehen über dem, was eine Menschengeneration bewegt.

Technologiezentrum in Küstennähe

Westlich liegt San Francisco. Halt, zuerst Oakland, immerhin 400 000 Einwohner groß. Trotzdem ist in der Stadt nicht viel los. Erwähnenswert ist höchstens die Bay Bridge, die Oakland mit San Francisco verbindet, angeblich die längste (13,6 km) Hängebrücke der Welt. Oakland ist tatsächlich kein gemütlicher Ort, zu einem Getto für Schwarze geworden mit Rauschgiftsucht und Armut. Bezeichnend ist, daß hier die Black Panter-Bewegung ihren Anfang nahm.

Wir umfahren San Francisco und die Bay südlich. Bei San José passieren wir die Ausläufer des Silicon Valley. Es ist kaum etwas Signifikantes festzustellen. Man sieht Villen, Bürogebäude, ansonsten bemerkt man nicht einmal, ob man gerade eine Stadtgrenze überfährt. Das Land ist gleichmäßig zersiedelt. Ein Highway kreuzt den anderen. Silicon Valley, das berühmte Tal der Computer- und Elektronikindustrie ist nicht unbedingt sehenswert.

Die Straße der Sehnsucht

Also fahren wir lieber zur Küste. Santa Cruz: 50 000 Einwohner, zwei Autostunden südlich San Francisco, Universitätsstadt und das offene Meer. Und gelegen am Highway Number One. Das bedeutet Eigenwilligkeit. Eigenwillig ist bereits die amerikanische Ansiedelungspolitik. Die jährliche Wachstumsrate wurde begrenzt. Unternehmen der Elektronikbranche läßt man nur ansiedeln, wenn sie sich auch für die Stadt und ihre Bürger engagieren. So müssen sich Firmen verpflichten, zum Beispiel eine öffentliche Grünanlage zu pflegen. Man legt mehr Wert auf das Image eines gepflegten Bade- und

Der Highway Number One – hier bei Santa Cruz – ist mehr als nur eine Straße. Sie ist ein Erlebnis. Sie steht für ein Image: Küste, Meer und Sonne.

Erholungsortes als auf den Ruf einer Yuppie-High-Tech-Stadt. Auf der Strandpromenade gibt es einen Vergnügungspark mit Varietébuden unter Arkaden, etwas angestaubt wirkend, aber vielleicht gerade deshalb schon wieder eigenwillig.

Laßt uns Hütten bauen oder südlich fahren.

Der Highway 1 ist eine der schönsten Routen in Amerika, exklusiv die Küste, exklusiv die Orte (klein und schön), exklusiv die, die sich hierher zurückziehen, (versteckte Villen der Reichen, phantasievolle Hütten der Armen), exklusiv die, die sich hier zeigen (sportliche Typen; sie zeigen Körper; sie sind schön).

Hier zu leben muß das Schönste auf Erden sein. Viele Amerikaner träumen jedenfalls davon.

Ein Abstecher nach Norden führt uns nach Davenport und zum Año Nuevo State Reserve, Geburtsklinik für See-Elefanten, die nur an dieser Stelle der Erde an Land gehen, um zwischen Dezember und April ihre Jungen zur Welt zu bringen.

Und sonst? Strände. Wer Zeit hat, der halte an und genieße. Aber die Sonne kann noch so heiß scheinen, man sollte sich nicht täuschen lassen. Hier badet man nicht. Hier ist das Wasser eiskalt.

Monterey ist die Stadt John Steinbecks. Doch die stinkenden Fischkonservenfabriken aus Cannery Row gibt es schon lange nicht mehr. Die Armen sind gegangen, die Millionäre leben hier in gepflegten Parks. Nirgends kann man dies besser erfahren als auf dem 17-Mile-Drive. Das ist nur in Amerika denkbar: Die Reichen lassen sich besichtigen, gegen Cash natürlich. Man zahlt Eintritt und fährt 17 Meilen durch exklusives Villenland, ein Gebäude schöner, größer, luxuriöser, eigenwilliger als das andere. Man blickt auf Golfplätze in herrlichster Küstenlandschaft. Und dann der Blick auf das Meer in Gesellschaft von Möwen- und Seelöwen. Auf dem

Golfrasen dahinter grasen Rehe. Perfektes Leben der Reichen gegen Gebühr zu besichtigen.

Luxus erwartet uns auch in Carmel mit Carmel Mission, eine Bilderbuchkirche – wo man sich gerne trauen läßt, in weiß selbstverständlich. Man wohnt in dieser Stadt vornehm hinter Zypressen und Bougainvilleen. Auch Kakteen sind in. Beach Avenue kennt nur elegante (und auch teuere) Geschäfte; wer hier wohnt, der hat das nötige Kleingeld. Dennoch ist Carmel nicht jedermanns Sache. Galt es früher als Ort der Boheme, ist es heute der Ort der Pensionisten, der wohlhabenden natürlich.

Big Sur zeigt, wohin es führt, wenn die Landparzellen immer kleiner werden, weil immer mehr Leute zuziehen. Schon Henry Miller hat es in der Vergangenheit beklagt: Die Exklusivität ist dahin. Also eine Straße, viele Häuser mit Blick auf das Meer und etwas verblaßte Eleganz.

Wir wollen Amerika erleben? Dann gehört auch der Besuch des

Die Felsen der Küste sind sehr verschieden. Jede Ecke bietet neue Aussichten. Überall finden wir neue bemerkenswerte Kontraste. Alle entstammen schier dem Bilderbuch.

So sah auch schon zu Zeiten John Steinbecks das Land um Monterey aus. Es ist heute noch so wunderschön wie es damals war. Aber es gibt die Fischkonservenfabriken nicht mehr; dafür viele Villen.

Hearst Castle dazu. Der Zeitungszar hat es auf einen Hügel erbauen lassen. Wir erhaschen den Blick bereits aus der Ferne, doch der Weg ist weit – nicht nur wegen der Entfernung. Auf großflächigen Parkplätzen muß man zunächst das Auto abstellen, dann eine Tour buchen (teuer, großer Andrang) und warten. Über Lautsprecher erhalten wir den Einsatzbefehl. Alles ist perfekt geplant und organisiert. Gruppe nach Gruppe besteigt im Viertelstundenrhythmus den Bus. Das Schloß selbst ist ein Alptraum an Gigantomanie, an ver-

Befährt man den 17-Miles-Drives (gegen eine Gebühr) kann man die Villen der Reichen sogar (von außen) besichtigen und fotografieren.

Noch ein Bild aus der Wohnwelt der Reichen. Auch das Domizil des Zeitungszars Hearst kann man besichtigen. Besonders sehenswert ist sein ehemaliger Swimmingpool.

schiedenen Stilen, an überladenem Prunk. Man müßte drei Touren nacheinander buchen, um das Schloß ganz zu sehen – schließen mit einer Abendtour in candle light.

Die Morro Bay läßt uns erleichtert zurückfinden zur grandiosen und unübertroffenen Natur. Ein Felsen scheint, wie von einem Giganten hingeworfen, liegen geblieben zu sein.

San Luis Obispo ist eine ruhige Kleinstadt am Fuße der Santa-Lucia-Berge, ganz im Gegensatz zu Pismo Beach, wo man mit dune buggies fahren darf. An den Wochenenden zählen dann wohl eher die Pferdestärken als die wahre sportliche Kraft.

Und das ist die bescheidene Villa des Zeitungskönigs. Beeindruckend ist die Unverkniffenheit, mit der Amerika den Reichtum der Ausgewählten darstellt.

Diesen Blick hat man vom Hearst Castle. Für den Blick muß man zahlen. Das Schloß kann man nur mit einer organisierten Tour besichtigen.

Einst Missionen, heute Villen: die Vororte von L.A.

Im La Purisima Mission State Historic Park erinnert man daran, daß Kalifornien von spanischen Jesuiten missioniert worden ist. Sie haben viele Klöster errichtet, die Indianer missioniert und leider auch vertrieben. Die ehemaligen Missionen waren aber nicht nur religiöse Zentren, sondern auch wirtschaftliche Unternehmen, die ihre Bewohner und auch viele Siedler des Umlandes ernährten. Dies stellt bis heute eine der wichtigsten Entwicklungsleistungen dar, von der die Region noch heute zehrt. Auf einem Rundgang durch die renovierte Klosteranlage wird man diese sicherlich zwiespältig erscheinende Vergangenheit entdecken.

Noch ein Beispiel: Santa Barbara stammt aus der Zeit der Missionen. Die Santa Barbara Mission liegt oberhalb der Stadt und erlaubt einen schönen Blick über den Ort. In Santa Barbara atmet man bereits die Luft von Los Angeles. Hierher ziehen die, die es sich leisten können, die nicht mehr arbeiten müssen, die unabhängig sind. So ist Santa Barbara auch eine reiche Gemeinde, man sagt, sie sei die kalifornischste Gemeinde, was immer dies auch bedeuten mag. Vielleicht Sonne, Luft und Meer, strahlende Gesichter, sehenswerte Körper, der Traum der ewigen Jugend? Die Spanier haben den Ort gegründet und die Mission errichtet, die Landwirtschaft eingeführt, das Land kultiviert. Dann zogen immer mehr Siedler nach und die Indianer verließen den Ort ihrer Väter. Viele Gebäude in spanischer Architektur prägen heute noch die Stadt, verleihen ihr ein attraktives Äußeres. Der Strand von Santa Barbara ist gepflegt, er lädt ein, hier zu flanieren.

Das Meer und die Sportbegeisterung der Amerikaner ist ein großer Wirtschaftsfaktor. Hier kann man alles erstehen, was man zum Surfen benötigt.

Zurück in L.A. Wie war das? Küste, Meer und Sonne. Und die Menschen sind angeblich alle glücklich, so suggeriert es zumindest die Tourismuswerbung der Metropole L.A.

Die schönste Seite von Malibu ist nicht aus Stein: Seine abgelegenen Strände und der grandiose Wellengang des Pazifik machen es für Prominente und Surfer gleichermaßen zum Anziehungspunkt. Stars wohnen in der Malibu Beach Colony. Die Preise für die »Strandhütten« sind vergleichbar mit denen der Villen von Beverly Hills. Aber Surfer brauchen nur einen Neoprenanzug und ihr Surfbrett. Dann ist die Welt für sie in Ordnung. Schaulustige am Strand sind ihnen sicher. Auf der anderen Seite von Malibu erheben sich die

Freiwillige bewachen die Badenden an den Stränden. Für jeden jungen Mann und jede junge Frau ist es eine Ehre, an der Bay Watch teilzuhaben.

Santa Monica Berge. Obwohl sich die Villensiedlungen weit in die Berge hineinziehen, kann man dort heute noch gut wandern und spazieren gehen.

Auch Naturliebhaber kommen auf ihre Kosten. Sie besuchen den Malibu Lagoon State Park. Der Malibu Creek mündet an dieser Stelle in die Santa Monica Bay und begünstigt damit die Entwicklung einer reichen Meeresfauna in ruhigem und flachem Wasser. Besucher dürfen die Fußwege nicht verlassen, um die Vögel nicht zu stören. Kunstliebhaber besuchen das J. Paul Getty Museum, in dem eine umfangreiche private Kunstsammlung zu sehen ist.

Der nächste Ort Richtung Los Angeles ist Santa Monica. Fast 100 000 Einwohner leben in der Küstenstadt, dem unbestrittenen Zentrum des Fremdenverkehrs an der Küste von Greater Los Angeles. Erst 1875 begann der Ausbau der Straßenverbindungen. Bis zu diesem Zeitpunkt war Santa Monica verschlafen – schließlich fuhr die Postkutsche von Los Angeles einen ganzen Tag bis hierher. Die Bevölkerungszahl stieg ab 1966 sprunghaft, als der Freeway eingeweiht wurde. Nun konnte man (falls keine Staus die Fahrfreude trübten) in einer halben Stunde Los Angeles erreichen. Die Neubürger siedelten im Bereich der Main Street im Ocean Park. Sehenswert ist der Santa Monica Pier, die älteste ins Meer gebaute Flanierpromenade an der Westküste. Restaurants, Pubs, Läden und ein Fischmarkt gibt es an der Pier. Hauptattraktion ist jedoch das 80 Jahre alte Santa Monica Pier`s Karussell – beliebte Kulisse für viele Filme. Besonders schön und natürlich auch entsprechend berühmt sind die vier Strände (Santa Monica, Will Rogers, Topanga, Las Tunas). Sie sind alle strahlend weiß und feinsandig, ideal für Schwimmer, Surfer und Fischer gleichermaßen. Und in Sachen Kultur? Man kann das Santa Monica Heritage Museum, ein lebendiges und »lebendes« Museum besuchen. Das Santa Monica Airport Museum of Flying ist ein High-Tech-Museum mit sehenswerten Exponaten aus der Fluggeschichte.

Ungefähr 40 000 Einwohner hat der Ort mit dem eigenwilligen Namen Venice. 1905 wollte Abbot Kinney, ein Industrieller aus der Tabakbranche, ein neues Venedig schaffen. Er ließ 26 Kilometer Kanäle ausheben und Paläste im Stil der Neorenaissance bauen. Auf den Kanälen sollten einmal Besucher in original italienischen Gondeln fahren. Der Traum erfüllte sich nicht. Zum einen ließen sich die Amerikaner nicht so stark von der italienischen Lebensart begeistern, zum anderen verschmutzten Teer und Öllachen in den Zeiten des Ölfiebers die Kanäle und die Strände. Daher schüttete man die meisten der Venedigkanäle wieder zu. Einige wenige mit ihren malerischen Rialtobrücken kann man besichtigen. Sehenswert sind aber nach wie vor die Strände. Venice ist zudem für seine Rollschuhfahrerkultur bekannt. Auf den geteerten Bahnen entlang des Strandes ziehen Rollschuhfahrer ihre Bahnen. Der Boardwalk von Venice ist zu einer einzigen Showbühne geworden. Nirgendwo sonst geben sich die Menschen extrovertierter, ob es nun ein Gewichtheber ist, der Schweißausbrüche effektvoll präsentiert, eine leichtgeschürzte Rollschuhläuferin, die gekonnt ihre Show zeigt oder ob Künstler ein spontanes Happening veranstalten.

Damit sind wir zurück in Los Angeles, the »big orange«. Wer Lust und Zeit hat, kann noch einige Schalen der Metropole abziehen.

San Francisco
Berkeley
Oakland
Concord
Stockton
Lodi
Angels Camp
Sonora
Manteca
Modesto
Tracy
Livermore
Fremont
Sunnyvale
San Jose
Cupertino
Santa Cruz
Morgan Hill
Watsonville
Monterey
Salinas
Carmel
Big Sur
Soledad
San Lucas
Coalinga
San Simeon
Paso Robles
Shandon
Morro Bay
Santa Margarita
San Luis Obispo
Arroyo Grande
Pismo Beach
Santa Maria
Lompoc
Isla Vista
Santa Barbara
Ventura
Oxnard
Thousand Oaks
Los Angeles
Santa Monica
Glendale
Pasadena
Ontario
San Bernadino
Orange
Anaheim
Long Beach
Huntington Beach
Riverside
Palm Springs
Indio
Turlock
Merced R.
San Joaquin R.
Merced
Mariposa
Los Banos
Madera
Mendota
Fresno
Helm
Hanford
Lemoore
Visalia
Tulare
Lindsay
Porterville
Delano
Wasco
Lost Hills
McKittrick
Maricopa
Bakersfield
Wheeler Ridge
Mt. Pinos 2692
Gorman
Mojave
Lancaster
Palmdale
Victorville
Barstow
Groveland
Yosemite Nat. Park
Yosemite Village
Mt. Ritter 4010
Oakhurst
Lakeshore
Pinehurst
Kings Canyon Nat. Park
Sequoia Nat. Park
Mt. Whitney 4417
Lone Pine
Olancha
Sunday Peak 3010
Lake Isabella
Bridgeport
Mono Lake
Lee Vining
Benton
Bishop
Big Pine
Luning
Basalt
Coaldale
Tonopath
Warm Springs
Lida
Beatty
Death Valley Nat. Park
Death Valley
Telescope Pk. 3368
Amargosa Valley
Indian Springs
Pahrump
Shoshone
Baker
Nevada
California
Las Vegas
Boulder City
Lake Mead
Overton
Ash Springs
Caliente
Panaca
Enterprise
Hurricane
St. George
Grand Canyon Nat. Park
Searchlight
Laughlin
Bullhead City
Kingman
Peach Springs
Kelso
Needles
Ludlow
Amboy
Lake Havasu City
Lake Havasu
Wikieup
Bagdad
Yucca Valley
Joshua Tree Nat. Mon.
Desert Center
Vidal
Parker
Blythe
Quartzsite
Aguila
Salome
Anza-Borrego Desert St. Park
Bombay Beach
Nat. Seashore
Nat. Park
Pazifischer Ozean
SAN MIGUEL
SANTA ROSA
SANTA CRUZ
SAN NICHOLAS
SANTA CATALINA

Region:

Kalifornien

Anfangs- und Endpunkt:

Los Angeles

Camperübernahme:

Los Angeles

Größere Städte:

Los Angeles, Oakland, San Francisco

Nationalparks:

Death Valley National Monument, Kings Canyon National Park, Sequoia National Park, Yosemite National Park

Streckenlänge:

Fahrtstrecke in ms/km: 1670/2670

Empfohlene Zeitdauer:

11 Tage

1. und 2. Tag: Los Angeles

Strecke (ohne Vergnügungsparks): 150 ms

Sehenswürdigkeiten:
Hier nur im Telegrammstil das, was in *Los Angeles* nicht versäumt werden sollte: downtown (El Pueblo State Historic Park, Olvera Street), Chinatown (Kong Chow Temple), Little Tokyo, ARCO Plaza, Hollywood (Mann's Chinese Theatre, Walk of Fame, Sunset Boulevard, Universal Studios), Beverly Hills, Pasadena, Anaheim (Disneyland), Buena Park (Knott's Berry Farm), Garden Grove (Crystal Cathedral).

Übernachtung:
Es gibt diverse private Campingplätze. Zu empfehlen ist *Vacationland*, gegenüber Disneyland. Auch neben der *Knott's Berry Farm* gibt es einen Campingplatz.

3. Tag: Los Angeles – Furnace Creek

Strecke: 280 ms;
Los Angeles – Barstow (Calico Ghost Town), Mojave Desert, Death Valley National Park (Devil's Golf Course, Zabriskie Point), Furnace Creek

Sehenswürdigkeiten:
Barstow: Mojave River Valley Museum, Geschichte der Wüste, geöffnet täglich von 11.00 bis 16.00 Uhr; California Desert Information Center (Informationen über die Region).
In der Nähe von Barstow: *Calico*: alte Geisterstädte aus der Silbergräberzeit und Calico Ghost Town, ein Vergnügungszentrum im Wüstenlook.
Toll auch die *Mojave Desert*.
Eine Klasse für sich: *Death Valley National Park*, ein Wüstental, außerdem: Devil's Golf Course und Zabriskie Point. Das Visitor Center befindet sich in Furnace Creek, geöffnet täglich von 8.00 bis 17.00 Uhr.

Übernachtung:
Campground von *Furnace Creek*

4. Tag: Death Valley

Strecke: 200 ms;
Death Valley National Park – Isabella Lake

Sehenswürdigkeiten:
Death Valley National Park:
Geographisch gesehen ist das Todestal lediglich der nordöstliche Teil der Mojave-Wüste, aber es hat zweifelsohne seinen ganz eigenwilligen Reiz. Death Valley ist ein weites Tal, das von zwei hohen Gebirgszügen flankiert wird, deren Gipfel bis 3000 Meter ansteigen. (Höchster Punkt ist der Telescope Peak mit 3368 Metern.) Das Tal selbst ist eine Senke, die bei Badwater 86 Meter unter dem Meeresspiegel liegt, damit ist das Death Valley auch der tiefste Punkt des nordamerikanischen Festlandes. Im Talboden gibt es kein Leben, kein Wasserloch, nur ausgetrocknete Salzseen, Geröllfelder und hohe Sanddünen. Es regnet nicht viel in diesem Tal, 33 Millimeter sind der Durchschnitt. Aber es gab auch Jahre, da hat es gar nicht geregnet. Die höchste jemals gemessene Temperatur beträgt 56,7 Grad Celsius (1913). Am Highway gibt es allerorten Behälter für Kühlwasser, die Ranger sind präsent und in Furnace Creek wartet ein Abschleppmonstrum, das selbst den größten Lastwagen aus dem Tal ziehen kann.
Außerdem sehenswert: Stovepipe Walls und Scotty's Castle, Führungen werden zwischen 9.00 und 17.00 Uhr täglich durchgeführt (eine Stunde).

Übernachtung:
diverse Campingplätze am *Isabella Lake*

Death Valley

Eigentlich ist es verboten, zumindest nur auf eigene Gefahr erlaubt: mit dem Camper durch dieses Tal zu fahren. Man muß sogar dafür unterschreiben, wenn man den Camper übernimmt.
Die meisten Besucher fahren im Frühjahr und Herbst durch das Tal und genießen seine Schönheit. Auch im Sommer kann das Tal durchquert werden, doch darf das Fahrzeug nicht überfordert werdenn.
Die Straßen, die durch das Tal führen, sind gut ausgebaut und asphaltiert. Man beginnt mit der Besichtigung vielleicht im Westen und erreicht das Tal über Lone Pipe. Der Highway 190 führt zuerst bergan bis man von der Höhe das Tal unter sich liegen sieht. Es geht hinab in das Tal und man erreicht bei Stovepipe Well ausladende Sanddünen, die jedem Wüstenklischee vorbildhaft entsprechen. Dahinter kommt man zu einer Abzweigung zu Scotty`s Castle, wo sich der Millionär Albert Johnstone 1926 bis 1931 ein Schloß im spanischen Stil erbauen ließ.
Er scheute keine Mühen und Kosten, die Materialien kamen zum Teil aus Europa, auf der Baustelle arbeiteten bis zu 2000 Menschen. Für die Amerikaner ist der Bau eine große Attraktion, Europäer finden ihn dagegen nicht so außergewöhnlich.
Interessanter ist da schon Furnace Creek, die einzige Ortschaft im Tal, wo sich auch das Visitor Center befindet, ein Lebensmittelgeschäft, eine Tankstelle und ein Campingplatz. Man kann selbstverständlich im Tal übernachten, wenngleich die Temperatur mit der Dunkelheit nicht nachläßt und die Nacht sicherlich nicht besonders erholsam ist. Der schönste Ort folgt gleich bei Zabriskie Point, von dem man besonders in den frühen Morgenstunden ein herrliches Panorama über die verschiedenfarbig leuchtenden Gesteins- und Sandformationen genießen kann.
Genauso schön ist eine kurvige Rundfahrt, die sich »Artists Drive« nennt. Hier zaubert die Nachmittagssonne wunderbare Farben auf Felsen und Sand: grün, rostrot, braun, violett, gelb, orange.
Wir fahren weiter nach Badwater, der tiefsten Stelle des Tales. Es geht vorbei an einem ausgetrockneten Salzsee, der am Anfang von Gesteinbrocken übersät ist. Devil`s Golf Course nennen die Einheimischen den Platz, sicherlich der ungewöhnlichste Golfplatz in den Vereinigten Staaten. Wir fahren bis zum Ende des Tals, dort wo es verläuft und heute noch Indianer leben. In Shoshone, einem kleinen Nest, fühlen wir uns zurückgekehrt in die Zivilisation und bald folgt die glitzernde Stadt Las Vegas, ein Kontrast, wie er nicht größer sein könnte.
Wir hatten keine Panne, die Reifen sind nicht verschmort, das Auto ist nicht verkohlt und niemand ist verdurstet. Das Abenteuer ist kalkulierbar geworden.

5. Tag: Bakersfield - Sequoia

Strecke: 160;
Bakersfield – Porterville – Sequoia National Park

Sehenswürdigkeiten:
Sequoia National Park: Mammutbäume, Visitor Center Grant Grove, tägliche geöffnet von 9.00 bis 17.00 Uhr.

Übernachtung:
Beim Visitor Center gibt es Stellplätze.

6. Tag: King´s Canyon - Yosemite

Strecke: 240 ms;
King's Canyon National Park – Fresno – Yosemite National Park

Sehenswürdigkeiten:
Der *King's Canyon National Park* bietet, ähnlich dem Sequoia, Mammutbäume, tiefe Schluchten und steil aufragende Felswände. Mehr als 1200 Pflanzenarten und über 200 Vogelarten machen den Naturpark zu einem unvergesslichen Erlebnis.
Noch mehr Naturerlebnis vermittelt der *Yosemite National Park*: Felsen, Bergseen, Täler, Wasserfälle, uralte Bäume. Das Visitor Center, ist täglich von 9.00 bis 17.00 Uhr geöffnet,

Übernachtung:
Idealerweise kann man im *Yosemite National Park* auch übernachten.

7. Tag: Merced - Santa Cruz

Strecke: 260 ms;
Merced – Stockton – Oakland – San José – Santa Cruz

Sehenswürdigkeiten:
Oakland ist keine besonders anziehende Stadt, wer unbedingt hier anhalten möchte, sollte sich Old Oakland anschauen, das restaurierte Innenstadt-Viertel mit seinen viktorianischen Häusern.
Computerfreunde machen in *San Jose* Station und besichtigen das Technology Center of Silicon Valley; Freunde von Lifestyle und mondänem Küsten-Ambiente werden sich in *Santa Cruz*, der Stadt, mit dem weit ins Meer hineinreichende Pier wohlfühlen.

Übernachtung:
New Brighton Beach State Park

8. Tag: Santa Cruz - Big Sur

Strecke: 110 ms;
Abstecher (nach Norden) Año Nuevo State Reserve – Santa Cruz – Monterey – Carmel – Big Sur

Sehenswürdigkeiten:
Der Abstecher nach *Año Nuevo State Reserve* lohnt: Die einzige Stelle, an der See-Elefanten an Land gehen. Dort kommen zwischen Dezember und April ihre Jungen zur Welt.
Wer *Monterey* besucht, sollte John Steinbeck kennen,: Küstenstadt, Marina, Fisherman's Wharf, Cannery Row. 17-Miles-Drive
Luxus pur in *Carmel* – und eine wunderschöne Kirche, die Carmel Mission.

Übernachtung:
Pfeiffer Big Sur State Park

9. Tag: Lucia - San Simon

Strecke: 70 ms;
Lucia – San Simeon – Hearst San Simeon State Historical Monument

Sehenswürdigkeiten:
Hearst San Simeon State Historical Monument: Hearst Castle, das amerikanische Gegenstück zu Schloß Neuschwanstein: Besichtigungstouren täglich zwischen 8.00 und 18.00 Uhr, auch abends gibt es noch spezielle Touren. Für eine Tour muß man mindestens zwei Stunden rechnen.

Übernachtung:
San Simeon Beach State Park

10. Tag: Morro Bay - Santa Maria

Strecke: 120 ms;
Morro Bay – San Luis Obispo – Santa Maria (La Purisma Mission State Historic Park)

Sehenwürdigkeiten:
Die Kleinstadt *San Luis Obispo* gefällt durch ihre viktorianischen Häuser und die Missionen, während in *Santa Maria* der La Purisma Mission State Historic Park einen Besuch wert ist.

Übernachtung:
Guter Standplatz: *Gaviota State Park*

11. Tag: Santa Barbara - Los Angeles

Strecke: 120 ms;
Santa Barbara – Ventura – Malibu – Santa Monica – Venice – Los Angeles

Sehenswürdigkeiten:
Santa Barbara: schöne Küstenstadt, weit ins Meer reichende Pier, Visitor Center an der Mission Santa Barbara, einer von den Indianern hoch über der Stadt errichteten Mission. Der in Weiß und Rosa gehaltene Sandsteinbau – das »Herz der Stadt« – wurde nach dem Erdbeben von 1925 im Originalzustand wieder aufgebaut. In den Zwillingstürmen, die einmalig für die kalifornischen Missionen sind, läuten immer noch Glocken, von denen einige aus Spanien kamen.
Ventura: Küstenstadt, schöner Strand, tolles Ambiente. Das gilt übrigens auch für *Malibu* (Küstenstadt und Prominentenort) wie auch für *Venice*. Dort sind übrigens die Wasserkanäle besonders sehenswert.

Übernachtung:
kurz vor Los Angeles: *Topanga State Park*.

Dort wo Amerika besonders spanisch ist

Fünf Tage und Nächte gedenkt jedes Jahr im August Santa Barbara mit der »Old Spanish Days Fiesta« der spanischen Kolonialzeit, besonders aber der Gründung seiner Mission am 4. Dezember 1786.
Damals war Santa Barbara eine kleine Siedlung, der bereits im Jahre 1602 der spanische Seefahrer Sebastiano Viscaino diesen Namen gegeben hatte. Aber vermutlich wäre sie vergessen worden, hätte nicht der Franziskanermönch Junipero Serra 1769 in San Diego die erste Mission erbaut und dann immer mehr Missionen entlang der ganzen Küste. Santa Barbara allerdings ist die schönste aller Missionen.
Auf der Küstenstraße 101, einem ehemaligen Indianerpfad, marschierten die Mönche und Siedler. Fromme Eiferer quälten sich durch die Wildnis – nirgendwo ist diese Epoche Kaliforniens so lebendig wie in Santa Barbara. Dabei wäre vielleicht alles anderes gekommen, hätte es 1925 nicht dieses Erdbeben gegeben. Nachdem die Innenstadt mit den schönen viktorianischen Häusern in Schutt und Asche gesunken war, entschloß man sich, den Stadtkern im alten Missionsstil wiederaufzubauen. So entstanden die spanischen Kolonialbauten, Straßen und Plätzen erhielten spanische Namen. Besonders El Paseo, die Fußgängerzone mit ihren weißgetünchten, blumengeschmückten Häusern, führt den Besucher in die alte Zeit zurück. Heute ist aus der kleinen spanischen Siedlung eine Stadt mit etwa 100 000 Einwohnern geworden, von der Sonne verwöhnt, ein Ziel der Schönen und Reichen.

NORTHERN CALIFOR-NIA

Wein und Wald, Vulkanerde und Meer

Von San Francisco ins Weinland, durch Vulkanlandschaft nach Portland und an die Küste. Dort wachsen Redwood-Bäume. Über die Küstenstraße zurück nach San Francisco.

Die schönste Brücke der Welt

Für San Francisco wurden spanische und englische Geburtshelfer tätig: 1776 erbaute Juan Bautista de Anza eine Festung an der strategisch wichtigen Bucht. Aber erst 1835 gründete der englische Kapitän William Richardson eine Siedlung, aus der San Francisco hervorging. Wäre nicht 1848 ungefähr 100 Meilen nordöstlich der Stadt Gold entdeckt worden, dieses Mal von Amerikanern, dann gäbe es höchstens noch immer ein Dorf. Nun kam, was kommen mußte, der Ort wuchs innerhalb von nur vier Jahren auf 250 000 Einwohner und wurde reich. Goldsucher, Abenteurer, Kaufleute gaben hier ihr Geld aus. Damals galten die Regeln von Wildwest: Die Stärkeren regierten bis leidlich legitimierte Bürgerwehren das Recht in ihre Hand nahmen. 1869 erreichte der Schienenstrang der Central Pacific Railroad die Pazifikküste, leider jedoch nicht bei San Francisco, sondern bei Oakland. Ein Schönheitsfehler war dies schon, aber die Bürger von San Francisco feierten trotzdem kräftig mit. Mit der Eisenbahn zog der technische Fortschritt ein: 1873 wird zum Beispiel die erste Cable Car in Betrieb genommen.

1906 ist der Traum vom großen Aufschwung zunächst ausgeträumt. Ein Erdbeben legt die Stadt in Schutt und Asche. San Francisco liegt auf unruhigem Boden. Geologen nennen den Spalt zwischen den sich bewegenden kontinentalen Erdplatten San Andreas Graben. Die Einwohner kennen ihr Risiko, sie leben damit. Sie haben ihre Stadt wieder aufgebaut, auch ein zweites Mal 1989 nach einem weiteren Erdbeben. So leben die Menschen heute mit dem Risiko von »The Big One«, dem einen großen, von Geologen prophezeiten Erdbeben, das San Francisco im Meer verschwinden lassen wird.

Der Besucher hat allerdings gute Chancen, nicht gerade »The Big One« zu erleben, sondern lediglich die faszinierende Stadt am Meer. Einen Einkaufsbummel beginnt man am besten in der Market Street. Hier ist immer was los. »People watching« ist angesagt. Die ungewöhnlichsten Typen trifft man an. Sie tun das gleiche wie der Besucher: einkaufen. Die Market Street führt zum Civic Center, wo die imposantesten Gebäude der Stadt artig versammelt sind: der neoklassizistische Säulenbau der City Hall, die Main Public Library, das Civic Auditorium und das War Memorial Opera House: Hier ist richtig, der sich an Pompösem erfreut. Der Opernfreund kann durchaus eine Vorstellung von Weltklasse genießen. Zwei Stunden vor jeder Vorstellung beginnt der Verkauf verbilligter Stehplatzkarten in der Oper.

Wer sich mehr für das ganz normale Stadtleben interessiert, wendet sich etwas bergan zum Union Square. Er ist der Mittelpunkt der

Das ist San Francisco, die Stadt, die viele Menschen für die schönste der Welt halten. Vom Coit Tower hat man diesen wunderbaren Blick.

Sie fährt immer noch: Die Cable Car rattert wie eh und je durch die Hügelstadt.

Stadt und hebt damit die Stadt aus dem Gros amerikanischer Städte heraus, in denen man einen Mittelpunkt nicht so ohne weiteres erkennen kann. Hier in San Francisco ist es klar: Union Square. Übrigens dieser mit Palmen bestandene und mit Buchsbaumhecken eingefaßte Platz ist das Dach einer riesigen Tiefgarage. Rund um den Platz gibt es elegante Läden und skurrile Ecken. Einheimische und Touristen sind gleichermaßen auf der Suche nach Raritäten.

Von der Market Street (und vom Union Square) aus kann man mit der berühmten Cable Car fahren. Die Cable Cars gehören zu San Francisco, prägen ihr Bild; sie sind auch heute noch eine der wichtigsten Sehenswürdigkeiten. Ihre Geschichte liest sich so: Die Straßen von San Francisco ähneln einer Berg- und Talbahn. Die Steigungen waren so groß, daß Pferdefuhrwerke sie häufig nicht bewältigen konnten. Ein gewisser Andrew Hallidie wurde Zeuge eines schweren Unfalls, als ein vierspänniger, mit Passagieren besetzter Pferdewagen rückwärts eine steile Straße hinunterschlidderte. Zutiefst schockiert setzte er sich hin und entwarf das Drahtbahnsystem, das gefahrlos auch größte Steigungen und Gefälle überwinden sollte. 1873 wurde der erste Versuch gewagt; das

Drahtbahnsystem entpuppte sich als voller Erfolg. In den nächsten 30 Jahren wurde in der ganzen Stadt das System eingeführt. Schließlich fuhren zur Jahrhundertwende 600 Wagen auf einem Schienennetz von insgesamt 175 Kilometern. Mit dem technischen Fortschritt hätte man die Cable Car eigentlich guten Gewissens außer Dienst setzen können, doch selbst in USA wird nicht alles neu gemacht. Die Nostalgie-Freunde setzten sich durch, so daß schließlich drei Linien noch heute in Betrieb sind. Und nicht nur Touristen fahren damit, auch die Einheimischen haben ihre Cable Car lieb gewonnen und nutzen sie, wenn sie einen Sitz-, Steh- oder Hängeplatz ergattern können. Manchmal muß man als Tourist deshalb einige Warterei über sich ergehen lassen: Eine Stunde muß man an den Endhaltestellen schon einmal stehen und frieren. Aber es ist kurzweilig. Artisten, Bettler und Prediger bieten kostenlose Kurzweil. Die bulligen Fahrer und Bremser der Cable Car lassen sich durch die Wartenden nicht aus der Ruhe bringen. Sie legen ihre gewohnten Pausen ein, wenden dann die Wagen auf dem Drehkreuz und begeben sich wieder gelassen in den Stadtverkehr. Noch immer wird die Cable Car mit viel Kraftaufwand betrieben. Bei Gefällstrecken setzt der Bremser seine ganze Körperkraft ein. Übrigens, wer sich eingehender mit der Cable Car beschäftigen möchte, sollte die Cable Car Barn, das alte Betriebshaus besichtigen (Mason St., Ecke Washington St.).

Vom Union Square aus erreicht man schnell den Financial District, der sich weithin sichtbar in seiner Hochhausarchitektur hervorhebt. Financial District ist das Manhattan von San Francisco. Nicht allen Einheimischen gefällt diese monumentale Entwicklung. Dennoch ist ein Besuch in den Hochhausstraßen ein Erlebnis. Der wichtigste Bau liegt an der Grenze zu Chinatown: die Transamerica Pyramid. Im Jahr 1972 wurde die Stadtsilhouette durch die 280 Meter hohen Betonpyramide bereichert, deren 70 Meter hohe Spitze zur Weihnachtszeit als rotgrüner Tannenbaum erstrahlt. Das geht allen Amerikanern zu Herzen. Der Bau ist umstritten. Während ihn die einen als eine besonders gelungene Architektur feiern, halten ihn die anderen für eine kalifornische Scheußlichkeit.

Szenenwechsel Chinatown: Tatsächlich kann man hier bestens chinesisch essen und einkaufen. Mit den Souvenirs erübrigt sich, was sie betrifft, jede Reise nach China. Die guten Gerüche halten dem Vergleich mit einer chinesischen Stadt durchaus stand. Ein Bummel sei auf jeden Fall empfohlen. Auch Tempel gibt es: Tin How Temple und Kong Chow Temple lassen einen Einblick in das Herz Chinatowns zu.

Nob Hill hat den Ruf, das Viertel der Reichen zu sein. So eindeutig kann man das heute aber nicht mehr nachvollziehen, da die Villen

Und so wirkt die Stadt vom Fahrersitz der Cable Car aus. In rasanter Fahrt geht es den Hügel hinunter.

der Reichen dem Stadtbrand von 1906 zum Opfer fielen. Heute wird das Stadtviertel mehr durch luxuriöse Hotels geprägt.

Nicht weit entfernt liegt Russian Hill, ein erstaunlich ruhiger Wohnbezirk inmitten der tosenden Großstadt. Der Name rührt von einigen Gräbern russischer Pelzjäger her, die sich auf dem Hügel befanden. Auch hier gilt: Ein Bummel durch das Stadtviertel läßt wieder einen neuen Einblick in die Seele San Franciscos gewinnen. Das trifft ganz besonders auf die Lombard Street zu, die krummste und die berühmteste Straße der Welt. Sie überwindet in Serpentinen den enormen Höhenunterschied. Blumen, Büsche und Hecken säumen die Straße. Hier treffen sich Besucher aus aller Welt. Take a picture.

Telegraph Hill heißt ein weithin sichtbarer Hügel. Auf seiner Kuppe ragt ein Aussichtsturm empor: der Coit Tower. Eine etwas exzentrische Millionärin verfügte in ihrem Testament, den Männern der freiwilligen Feuerwehr diesen Turm als Denkmal zu errichten. Der freiwilligen Feuerwehr und der eigenwilligen Dame ist also zu danken, daß es in der Stadt einen so herrlichen Aussichtsturm gibt. Der Blick über die Stadt ist einzigartig. Dafür lohnt sich fast jede Anstrengung.

Eine andere Berühmtheit ist schließlich Fischerman's Wharf. Früher standen hier am Meer die

Fischerhütten, man konnte vorzüglich einkaufen und fand auch Ruhe für den Blick über das Meer. All das ist heute nicht mehr vorhanden. Viele Menschen drängeln sich, durchwühlen unzählige Souvenirgeschäfte, in denen man kaum noch Originelles findet.

Dagegen ist die Gefängnisinsel von Alcatraz von Interesse, die draußen im Meer im Nebel liegt. Bis 1963 wurde die Insel als Zuchthaus genutzt. Alcatraz galt als absolut ausbruchsicher. Seit 1973 können die Besucher die Insel besichtigen und sich dabei insbesondere an einen berühmten Gefangenen erinnern: Al Capone.

Nun ist natürlich noch die Golden Gate Bridge zu erwähnen. Sie ist eines der Wahrzeichen der Stadt und gilt nach wie vor als ein Wunderwerk der Technik. Schließlich mußten 97 Meter Meerestiefe und tückische Strömungen gemeistert werden. 1937 wurde der Bau in Betrieb genommen – und heute passieren über 100 000 Fahrzeuge täglich das Nadelöhr nach Norden. Golden Gate hüllt sich häufig in Nebel. Selbst wenn sonst in der Stadt die Sonne scheint, wallen die Nebelschwaden um die Brücke. Take a picture.

In San Francisco könnte man viel mehr Zeit verbringen. Die Stadt ist eine Metropole mit Flair und Persönlichkeit. Sie ist allerdings auch reichlich kalt und windig. Selbst im Sommer wird es kaum über 20 Grad warm und wenn der Wind vom offenen Meer her weht, benötigt man Pullover oder Jacke.

Doch der Weg in wärmere Regionen ist nicht weit. Wir fahren über die Oakland Bay Bridge nach Oakland, eine Stadt ohne besonderen Anziehungspunkt, deshalb eilen wir nach Berkeley, wo die Elite des Staates studiert. Von den 130 000 Einwohnern Berkeleys sind 30 000 Studenten. Sie haben angeblich in der amerikanischen Wirtschaft den berühmten »Marschallstab« im Tornister. Berühmt und auch ein wenig berüchtigt wurde Berkeley, weil hier in den 60er Jahren die landesweiten Vietnam-Proteste ihren Ausgang nahmen. Liberal ist man auch heute noch, Drogen sind leichter erhältlich als anderswo, die Stadt hat sich zur atomwaffenfreien Zone erklärt und der Stadtrat kommentiert regelmäßig die Außenpolitik der USA, weshalb Spötter Berkeley auch als »die einzige Stadt mit einer eigenen Außenpolitik« bezeichnen. Den Campus kann man besuchen und sich selbst einen Eindruck verschaffen.

Die besten Weine wachsen in Napa Valley

Von Berkeley ist man schnell im Napa Valley, wo man nicht nur Coca Cola trinken kann, sondern wo sich Wiege und Heimat des kalifornischen Weins befinden. Ausgedehnte Weingärten bestimmen das Bild des freundlichen Tals. Fruchtbare

Wir fahren hinein in eine traumhafte Vulkanlandschaft. In der Ferne grüßt der Mount Lassen. Er ergoß seine Lavamassen 1921 über das Land.

Böden, warmes Tagesklima, nächtliche Abkühlung sind die besten Voraussetzungen für die Weinproduktion. Doch der Weinanbau im Napa Valley kennt keine romantischen Töne. Er ist straff industriell organisiert. Die Weingüter gehören weit gehend großen Konzernen, die aus Gründen der Diversifizierung hier Wein anbauen lassen. In den Probierstuben steht der Kommerz im Vordergrund, ganz gewiß dienen dem auch die Führungen durch die Weinkeller. Weinkenner mit einer Vorliebe für trockene Weine werden enttäuscht sein. Hat man aber doch einen trockenen und exquisiten Weintropfen erwischt (selbstverständlich nicht während einer kommerziellen Weinprobe), so muß man

die kritische Frage nach dem Preis-/Leistungsverhältnis stellen. Auf jeden Fall ist die Fahrt durch die Weinfelder abwechslungsreich. Manch ein Bauherr hat sich hier in Burg- und Schloßarchitektur austoben können. Mickey Maus ist überall.

Die Interstate 5 nach Norden ist nicht aufregend. Ebenfalls nicht die Flecken Williams oder Willows. Wir fahren durch Farmland. Fruchtbar ist es hier; die Farmer zeigen ihren Fleiß.

Durch Vulkanlandschaften

Bei Enterprise zweigen wir ab zum Lassen Volcanic National Park. Der Mount Lassen ergoß sein Lava von 1914 an sieben Jahre lang über das Land. Auch heute noch grummelt es in seinem Inneren, ein Zeichen, daß Kalifornien über einem sehr aktiven Erdinneren liegt. Als wäre es gestern gewesen, wälzt sich die erstarrte Schlammflut über die Ebene. Frisches Grün mildert allerdings den Anblick. Sehenswert sind die stinkenden Schlammlöcher, in denen es noch immer brodelt und blubbert, aus denen Schwefelschwaden direkt aus der Hölle zu entweichen scheinen. Auf Holzstegen kann man der Hölle sozusagen in den Schlund spucken.

Nicht ganz so höllisch ist die Whiskeytown Shasta Trinity National Recreation Area. Die Betonung liegt auf Erholung, denn auf dem Shasta Stausee gibt es viele Bootsanlegestellen. Die Freizeitkapitäne schätzen den blauen See. Daneben erfreut das Wasser natürlich auch die Farmer. Pipelines leiten es auf die umliegenden Felder. Und schließlich profitiert die Industrie. Der Stausee versorgt die Fabriken mit Energie. Orte wie Whiskeytown sind alte Goldgräbernester, der Name läßt es noch erahnen. Heute gibt es kein Gold mehr und auch kaum historische Gebäude. Bei den sportbegeisterten Amerikanern zählt ohnehin nur der See. In Shasta sind noch ein paar alte Rui-

Die Erde grummelt auch heute noch ganz gewaltig. Das erkennt man an den stinkenden Schlammlöchern, in denen es brodelt und blubbert.

In der Whiskeytown Shasta Trinity National Recreation Area gibt es kleine vergessene Nester mit manchem Schmuckstück aus vergangenen Zeiten.

nen übrig geblieben. Sie lassen sich sozusagen per drive-in entdecken.

Nach Dunsmuir biegen wir von der Hauptstraße ab. Die Straße führt durch weite Wälder, hört beinahe auf, ein Stück gravelroad rüttelt uns auf – bis wir uns plötzlich, völlig überraschend, in Vulkanlandschaft befinden: Lava Beds National Monument. Ein Lehrpfad führt durch die schwarze Lavalandschaft. Immer neu beeindrucken die bizarren Formationen. Mitten in diesem erstarrten Strom kann man übernachten. Aus dem Lavagestein quillt die Stille der Natur.

Und es gibt ruhige Seen, kleine Sandstrände. Sonnen, baden, ausruhen – wir befinden uns wirklich in einem Erholungsgebiet.

Entlang des Columbia River zur schönsten Küste der Welt

Wir verlassen Kalifornien sozusagen auf Schleichpfaden. In Oregon erreichen wir bald einen weiteren Nationalpark (natürlich erneut ein Höhepunkt): Crater Lake National Park. Wieder sammeln wir ganz neue Eindrücke. Der 3400 Meter hohe Mount Mazama ist ein erloschener Vulkan. In seinem Krater bildete sich vor Tausenden von Jahren ein See, der eine dunkle, wilde Schönheit ausstrahlt. 600 Meter tief reicht der See an seiner tiefsten Stelle in den Vulkan hinein. Am Kraterrand führt eine Straße entlang, so daß man von allen Seiten das grandiose Zusammenspiel von Lava, Wasser

Vom Kraterrand blicken wir hinunter in den wasserblauen Schlund des Vulkans. 3400 Meter hoch ist der Mount Mazama, ein erloschener Vulkan, gut erschlossen für die Besichtigung.

Auf Lavaboden gedeiht üppiger Wald. Wäre die Straße nicht, könnte man sich kaum einen Weg durch Dickicht und Unterholz bahnen. Aber die USA ist Autoland. Bequem erreicht man auch mit dem Camper jedes Ziel – auch Lava Beds.

Bei Portland: Lastkähne befahren den Columbia River, der träge dahinfließt.

und Sonne bewundern kann. Lediglich die vielen Erdhörnchen lenken die Besucher von dem atemberaubenden Ausblick ab. Sie betteln possierlich und erfolgreich.

Anschließend können wir allerdings ein Stück zügig fahren. Durch Wälder und durch Farmland reisen wir nach Westen zur Interstate Nummer 5. Wir erreichen sie bei Roseburg, Zentrum der Holzbearbeitung. Den Geruch von frisch geschlagenem Holz haben wir in der Nase.

Wir folgen ihr nordwärts: Eugene ist Universitätsstadt und Sojamilch-Zentrum.

Albany: Touristen können eine Holzfällertour unternehmen.

Salem: nichts außer zwei netten Parks – und wenn man die richtige Jahreszeit wählt, blühende Tulpenfelder.

Schließlich Portland, Großstadt am Columbia River: Portland liegt günstig zwischen Seattle und San Francisco mit einem geschäftigen Hafen am Columbia River. So wurde die Stadt groß und reich. Old Town ist sehenswert, wir nehmen uns Zeit für einen Bummel rund um den Pioneer Courthouse Square. Ein altes Lagerhaus hat überlebt, daneben moderne Geschäfte. Ihren Charme hat sich die Stadt bewahrt.

Für Automobilisten gibt es einen Besichtigungs-Drive. So kann man vom Autofenster aus die Stadt erfahren. Portland rühmt sich seiner vielen Parks (Washington Park, International Rose Test Garden, Japanese Garden), die besonders zur Rosenblüte unbedingt sehenswert sind. Portland heißt daher auch »Stadt der Rosen«.

Nun fahren wir am Columbia River dahin, der breit und gemächlich zur Küste fließt. Er ist nach dem Mississippi der mächtigste Fluß der USA. Er entspringt in den Bergen Kanadas und durchläuft ein faszinierendes Canyongebiet, das sich der Fluß in die North Cascade gegraben hat. Bei Portland ist von dieser Wildheit nichts mehr zu verspüren, breit und gemächlicher fließt er zum Meer. Fruchtbar ist das Land an seinen Ufern und daher dicht besiedelt. Schließlich erreichen wir Astoria, die Stadt an der Mündung des Columbia River in den Pazifik. Das Altstadtviertel im viktorianischen Stil ist einen Besuch wert.

Wer sich für amerikanische Karrieren interessiert, sollte im Fort Astoria den Anfängen des Astor-Clan nachspüren, heute eine der reichsten Familien in USA. Hier schuf John Jacob Astor mit Pelzhandel den ersten Grundstock für das Familienvermögen.

Wir fahren noch zum Fort Stevens State Park hinaus, ein kleiner Landzipfel im Mündungsdelta zwischen Fluß und Meer.

Nach Süden folgen wir dem Highway 101, der sich der Küstenlinie anschmiegt. Wir trödeln nun an einer der schönsten Küsten der Welt entlang. Übertrieben? Sicherlich nicht. Schroffe Felsen und geschwungene Sandbuchten bieten immer wieder neue Ausblicke. Ein State Park folgt dem anderen, so daß auch dem Vordringen der Zivilisation Einhalt geboten wurde. Nur einen einzigen Schönheitsfehler hat die Küste. Das Wasser ist zu jeder

Das Meer wirkt nicht immer einladend. Nebel und Wolken ziehen häufig auf. Und eines ist das Wasser immer: kalt. Ein Badeparadies darf man weder bei Tillamook noch sonstwo an der Küste erwarten.

Malerisch steht der Leuchtturm Heceta Head Lighthouse auf dem Felsen über dem Meer. Jahrzehnte warnte er bereits die Seefahrer vor der felsigen Küste.

Jahreszeit kalt und nur Abgehärtete halten mehr als die große Zehe in den Pazifik.

In Seaside, einem eher traditionellen Badeort, wird dem Touristen noch alles geboten, was er sich wünscht – und am Wochenende ist der Ort daher auch überfüllt.

Im Escola State Park und im Oswald West State Park kann man zwischen hohen Dünen spazieren gehen, von Aussichtspunkten hat man einen herrlichen Blick. Außerhalb der Parks frönen die Amerikaner dem lauten und abgasreichen Sport des »dunes buggiing«. Zwischen den beiden Parks liegt der unscheinbare Ort Canon Beach, so benannt nach Kanonen eines 1846 untergegangenen Schiffes, die in einer Unwetternacht an den Strand gespült worden sind. Besonders sehenswert an diesem Küstenabschnitt ist der Haystack Rock, ein 71 Meter hoher Monolith, der hier einsam aus dem Meer ragt.

Tillamook liegt etwas landeinwärts. Hier beginnt der Three Capes Scenic Drive. Die Straße führt durch eine bizarre Natur von Felsen und Dünen.

Lincoln City und Newport sind die beiden wichtigsten Orte des nächsten Küstenabschnitts. Newport ist berühmt für sein Aquarium. Im Undersea Gardens erlaubt ein »Fenster zum Meer« den Originalblick.

Dann wieder Küste, Felsen, Strände, genügend Raum, um gesuchte Einsamkeit zu finden. Beim Visitor Center von Cape Perpetua kann

Gleich neben dem Leuchtturm »siedeln« Seelöwen. Hier fühlen sie sich wohl, hier lassen sie sich auch in Ruhe von den Touristen betrachten. Die rümpfen nach kurzer Zeit die Nase, denn die Seelöwen riechen reichlich intensiv.

Bei Florence: Die Terrassen der Häuser werden auch heute noch auf Pfählen ins Meer hinausgebaut. Die Bewohner machen gleich daneben ihre Boote fest.

man die Wale beobachten, wenn sie draußen im Meer vorüberziehen. Überhaupt nicht einsam geht es bei den Sea Lion Caves zu. Zum einen strömen Scharen von Besuchern zu diesem Ort, zum anderen strömen genauso zielstrebig Seelöwen und Seehunde in diese Höhlen direkt am Wasser. Beide Naturgattungen werden sorgfältig auseinander gehalten, beäugen sich lediglich interessiert. Von den Höhlen aus hat man auch einen Blick zum Heceta Head Lighthouse, einen der alten Leuchttürme, die in der Vergangenheit die Küste markierten.

Nach Florence beginnt die Oregon Dunes National Recreation Area, eine 47 Meilen lange Dünenlandschaft, die unter Naturschutz steht. Das Sandgebirge wird an der höchsten Stelle bis 152 Meter hoch. Dünen sind schön, aber auch gefährlich. Die Winde drücken sie landeinwärts, so daß sie fruchtbare Landstriche verwüsten.

North Bend und Coos Bay sind Industriestädtchen, die nach der Auffüllung der Verpflegung eine schnelle Weiterfahrt nach Süden erlauben.

Die Küste bietet neue Höhepunkte. Besonders schön ist der Blick von Port Orford auf den südlich gelegenen Humbug Mountain, der häufig von Nebelschwaden umzogen wird.

Der Name Gold Beach läßt an die Vergangenheit anknüpfen. Hier

Still und unberührt liegen die Sanddünen vor einem, man wandert darauf und nur die Fußspuren bleiben zurück bis der Wind auch sie verweht hat. Aber nur eine kleine Strecke weiter ist die Ruhe vorbei. Ohrenbetäubender Lärm von Strandbuggis erfüllt die Luft.

fanden die Abenteurer Gold und gerieten in Streit mit den Küstenindianern, die hier wohnten. Lange Zeit war kein friedlichen Zusammenleben möglich.

Brookings ist ein Straßendorf, das letzte in Oregon. Welcome in California.

Wo Bäume eine Sehenswürdigkeit sind: die Redwood-Riesen

Crescent City lohnt keinen noch so knappen Aufenthalt. Dafür beginnt unmittelbar danach der Redwood National Park. Über 40 Meilen zieht er sich nach Süden hin. An der Küste ergeben sich bizarre Szenerien. Der Nebel vom Meer drängt bis hinein in den Wald und taucht alles in dämmriges Zwielicht, so daß man häufig die Spitzen der Redwoods gar nicht mehr sieht. Empfehlenswert ist der Besuch des Jedediah Smith State Park, der etwas landeinwärts liegt und den die Nebenschwaden nicht mehr erreichen. Viele angelegte Wanderwege führen im gesamten Nationalpark zu den höchsten und mächtigsten, ältesten und damit sehenswertesten Bäumen. Die Coast Redwoods sind übrigens die höchsten Bäume der Welt. Bis zu 116 Metern werden sie hoch, bis zu 2000 Jahre alt. Die Giant Sequoias allerdings gelten als die größten Bäume überhaupt, jedoch nicht wegen ihrer Höhe, sondern wegen ihres Gesamtvolumens, sie sind also wesentlich dicker.

Bei Trinidad ist der Nationalpark zu Ende. Die alte spanische Gründung ist nur ein Etappenort.

Auch dieser Bär macht sich in manchem Kleingarten als Gartenschlauchhalter gut. Zum Mitnehmen nach Deutschland ist er allerdings reichlich schwer.

Arcata muß man nicht besichtigen, Eureka kann man mit einer kurzen Rundfahrt überschauen. Old Town hat liebevoll zurecht gemachte Häuser im viktorianischen Stil.

Nun verlassen wir die Küste, folgen der 101 landeinwärts, denn diese führt durch wunderbare Redwoodwälder. In Scotia beherrscht die Industrie das Stadtbild. Sie ist eine company town, gehört regelrecht der Pacific Lumber Company und alle Menschen, die hier leben, arbeiten direkt oder indirekt für die Gesellschaft. Wir stoßen auf einen Weltrekord: hier befindet sich angeblich die größte Sägemühle der Welt.

Dann folgen neue Wälder im Humboldt Redwoods State Park. Besonders schön ist die 33 Meilen lange Avenue of the Giants. Die Straße führt den Besucher an den wichtigsten und schönsten Bäumen vorbei. Man kann kleine Spaziergänge durch den Urwald unternehmen.

In den großen Wäldern leben die Schnitzer. Sie stellen in den stalls an den Straßen ihre Kunstwerke aus. Wer möchte nicht so einen Indianer als Wächter vor der Haustüre haben?

Wir verlassen die 101 und befinden uns nun auf dem berühmten Highway 1, die legendäre Küstenstraße. Es geht vehement bergab, bis wir die Küste erreichen.

Bei Humboldt Redwoods: Mit dem Auto kann man den Riesenbaum durchqueren. Für Camper ist die Strecke allerdings gesperrt.

Fort Bragg ist ein Zentrum der Holzindustrie und eigentlich nur eine Ansammlung von Sägewerken. Dafür entschädigt uns aber der nächste Ort Mendocino. Man fühlt sich in viktorianische Zeiten zurückversetzt. Viele Gebäude stammen noch aus dem 19. Jahrhundert, als die ersten Siedler aus England hier Fuß faßten. Die Häuser hat man liebevoll restauriert, sie beherbergen heute Souvenirshops, Restaurants und Museen. Gut, Mendocino ist eine Touristenstadt, aber man sollte sie ohne Vorbehalte genießen. Mendocino kokettiert auch damit, daß viele Hollywood-Filme hier gedreht wurden.

In Mendocino fühlt man sich zurückversetzt in viktorianische Zeiten. Viele Gebäude stammen noch aus dem 19. Jahrhundert und wurden in der Zwischenzeit liebevoll restauriert.

Highway Nummer One

Der Highway 1 ist nicht nur für seine Küste berühmt, sondern auch für viele eigenwillige Bauten. Da hat man alte Scheunen in Geisterschlösser umgewandelt, einen futuristischen Holzturm aufgestellt. Wer Ideen hat, darf sie hier ausleben. Ein besonders gutes Beispiel ist Sea Ranch. Der Ort ist auf keiner Landkarte vermerkt, er ist eigentlich gar kein Ort. Es ist Privatbesitz. Zufahrt strengstens verboten und anscheinend kennen die Einwohner keinen Spaß, weil Wachdienste das Verbot auch durchsetzen. So bleibt uns nicht anders übrig, als vom Dach des Campers den einen oder anderen Blick zu erhaschen. Kein Bau gleicht dem anderen, der Phantasie sind keine Grenzen gesetzt, ein Wohngefühl der besonderen Art.

Kurz darauf passieren wir das Kruse Rhododendron State Reserve, besonders farbenreich im Mai und Juni. Immer einen Besuch wert: Fort Ross, die restaurierte Anlage ei-

Highway Number One bei Westport: schöne Felsen-Strand-Kulisse

Sea Ranch ist eine Privatgemeinde; Zutritt verboten. Aber von außen kann man den einen oder anderen Blick auf die Villen erhaschen. In dieses Dorf haben sich viele wohl betuchte Aussteiger zurückgezogen.

nes russisches Forts. Von hier aus nahmen einst die Russen ihre Interessen wahr.

Wir befinden uns bereits in der Nähe von San Francisco. Die Häuser nehmen zu, auch der Reichtum wird zur Schau gestellt. Im Point Reyes National Seashore Park gibt es natürlich keine Häuser. Bird watching ist angesagt. Aber es gibt hier noch eine Besonderheit: Man befindet sich hier genau über dem San Andreas Graben. Und selbstverständlich kann man sich auch auf einem Earthquake Trail (self-guiding) weiterbilden. Die Bewohner nehmen`s gelassen. »Big shake« kommt oder kommt nicht.

Sausalito ist schon San Francisco, ein Vorort im Norden der Stadt. Der

An den schönsten Stellen der Küste parken auch die Camper in Reih und Glied. Das ist ein Lebensstil so voll nach dem Geschmack der Amerikaner.

Szenen an der Küste. Wir genießen sie. Wo könnte die Welt schöner sein?

Name ist spanisch und heißt übersetzt »kleiner Weidenbusch«. Im Waldgebiet verstecken sich Villen, in der Tat eine schöner als die andere und an der Bay ankern die Hausboote, denen man einen Bootscharakter gar nicht mehr ansieht. In Sausalito paart sich Ideenreichtum mit Geld, so findet man phantasievoll geschmückte Hütten und protzige Villen. Das schöne ist, daß sich beide in ihrem Charakter nicht widersprechen.

Weiter im Süden taucht die Golden Gate Bridge auf. San Francisco erwartet uns.

Pazifischer
Ozean
Washington
Oregon
California
Nevada
Mt. Rainier Nat. Park
4392
Raymond
Centralia
Ocean Park
Ilwaco
Astoria
Seaside
Kelso
Rainier
Morton
Packwood
Yakima
Mt. St. Helens Nat. Volcanic Mon.
Mt. St. Helens 2550
Mt. Adams 3751
Toppenish
Mesa
Richland
Pasco
Kennewick
Columbia River
Wheeler
Buxton
Tillamook
Forest Grove
Stevenson
White Salmon
Maryhill
The Dalles
Portland
Biggs
Arlington
Hermiston
Pendleton
McMinnville
Newberg
Mt. Hood 3426
Lincoln City
Salem
Maupin
Pine Grove
Condon
Newport
Albany
Detroit
Shaniko
Waldport
Corvallis
Lebanon
Mt. Jefferson 3199
Kimberly
Madras
Mitchell
Long Creek
Florence
Mapleton
Springfield
Sisters
Redmond
Prineville
Eugene
South Sister 3169
Bend
Mount Vernon
Reedsport
Oregon Dunes Nat. Rec. Area
Oakridge
Seneca
Coos Bay
La Pine
Brothers
Bandon
Winston
Roseburg
Riley
Burns
Crater Lake Nat. Park
Silver Lake
Harney Lake
Port Oxford
Diamond Lake Junction
Azalea
Prospect
Crater Lake
Nesika Beach
Chiloquin
Mt. McLoughlin 2894
Upper Klamath L.
Beatty
Frenchglen
O'Brien
Grants Pass
Klamath Falls
Altamont
Oregon Caves Nat. Park
Merrill
Crescent City
Happy Camp
Horse Creek
Dorris
Lakeview
Newell
Goose Lake
Redwood Nat. Park
Klamath
Denio
Orick
Weed
Lava Beds Nat. Mon.
Cedarville
Alturas
McCloud
Arcata
Willow Creek
Trinity Center
Pondosa
Adin
Eureka
Burney
Fall River Mills
Douglas City
Peanut
Redding
Millville
Lassen Volcanic Nat. Park
Lassen Peak 3187
Winnemucca
Weott
Gerlach
Imlay
Garberville
Red Bluff
Chester
Susanville
Rockport
Cummings
Pyramid Lake
Doyle
Lovelock
Chico
Sacramento
Blairsden
Nixon
Fort Bragg
Oroville
Sparks
Reno
Fallon
Mendocino
Ukiah
Lakeport
Williams
Grass Valley
Truckee
Cold Springs
Tahoe City
L. Tahoe
Carson City
Frenchman
Cloverdale
Lower Lake
Yuba City
The Sea Ranch
Healdsburg
Woodland
Auburn
South Lake Tahoe
Minden
Yerington
Schurz
Calistoga
Placerville
Jenner
Santa Rosa
Davis
Pollock Pines
Wellington
Bodega Bay
Sacramento
Topaz
Pt. Reyes Nat. Seashore
Napa
Fairfield
Jackson
Dardanelle
Hawthorne
Luning
Lodi
Angels Camp
Berkeley
Concord
Stockton
Bridgeport
Sonora
San Francisco
Oakland
Manteca
Groveland
Yosemite Nat. Park
Mono Lake
Lee Vining
Basalt
Coaldale
Livermore
Tracy
Modesto
Mt. Ritter 4010
Fremont
Turlock
Merced R.
Mariposa
Yosemite Village
Benton
Sunnyvale
San Jose
San Joaquin R.
Merced
Cupertino
Morgan Hill
Oakhurst
Bishop
Santa Cruz
Sacramento
5
12
82
90
17
395
30
4
26
101
97
14
84
20
103
138
62
199
139
89
299
44
59
32
70
65
99
50
80
95
1
108
120
580
41

Region:

Kalifornien und Oregon

Anfangs- und Endpunkt:

San Francisco

Camperübernahme:

San Francisco

Größere Städte:

San Francisco, Portland

Nationalparks:

Lassen Volcanic National Park, Whiskeytown Shasta Trinity National Recreation Area, Lava Beds National Monument, Crater Lake National Park, Oregon Dunes National Recreation Area, Redwood National Park

Streckenlänge:

Fahrtstrecke in ms/km: 1930/3090

Empfohlene Reisedauer:

14 Tage

1. und 2. Tag: San Francisco

Strecke: ohne Auto

Sehenswürdigkeiten:
San Francisco, in Kurzform das Wichtigste: *Market Street* (Civic Center, War Memorial Opera House), *Union Square* (Nicht vergessen: Cable Car Ride!), *Financial District* (Transamerica Pyramid), *Chinatown* (Tin How Temple, Kong Chow Temple), *Nob Hill, Russian Hill* (Lombard Street), *Telegraph Hill* (Coit Tower), *Fisherman's Wharf, Alcatraz, Golden Gate Bridge.*

Übernachtung:
Es gibt diverse private Campingplätze. Am verkehrsgünstigsten liegt: *San Francisco RV Park,* 250 King Street.

3. Tag: Oakland – Napa Valley

Strecke: 50 ms;
Oakland – Berkeley – Napa Valley

Sehenswürdigkeiten:
Berkeley: Universitätscampus (größte Konzentration von Nobelpreisträgern)
Napa Valley: Weingüter

Übernachtung:
Mission San Francisco Solana State Park: Ruhig und schön gelegen.

4. Tag: Winters – Lassen

Strecke: 220 ms;
Winters – Williams – Willows – Red Bluff – Lassen Volcanic National Park

Sehenswürdigkeiten:
Der Tanz auf dem Vulkan – im *Lassen Volcanic National Park* kann er wahr werden. Es brodelt, blubbert und stinkt nach Schwefel am Lassen Peak (Vulkankegel). Das Visitor Center ist täglich von 9.00 bis 17.00 Uhr geöffnet.

Übernachtung:
Im Park Stellplätze vorhanden.

5. Tag: Redding – Lava Beds

Strecke: 230 ms;
Redding – Whiskeytown – Shasta – Dunsmuir – Bartle – Lava Beds National Monument

Sehenswürdigkeiten:
Whiskeytown ist eine alter Goldgräberort, allerdings ohne entsprechende Gebäude. Viel interessanter: der *Shasta* -Stausee, benannte nach einem anderen alten Goldgräberort, der allerdings nur noch aus Ruinen besteht. Noch unwirtlicher: das *Lava Beds National Monument* , eine erkaltete Lavalandschaft mit bizarren Höhlen. Es gibt ein Visitor Center (geöffnet täglich von 9.00 bis 17.00 Uhr.

Übernachtung:
Im Park Stellplätze vorhanden.

6. Tag: Klamath Falls – Crater Lake

Strecke: 190 ms (mit Krater-Rundfahrt);
Klamath Falls – Crater Lake National Park

Sehenswürdigkeiten/Übernachtung:
Klamath Falls: Kleinstadt mit Parkanlagen, Klamath Lake
Crater Lake National Park: Vulkankrater mit Kratersee, Visitor Center geöffnet täglich von 8.00 bis 18.00 Uhr, im Winter von 9.00 bis 17.00 Uhr.

Übernachtung:
Campingplätze im Park vorhanden.

7. Tag: Eugene – Donald

Strecke: 160 ms;
Eugene – Salem – Donald

Sehenswürdigkeiten:
Zwei nette Parks und das State Capitol – *Salem* ist nicht unbedingt eine touristischer Höhepunkt der Reise.

Übernachtung:
Champoeg State Park

8. Tag: Portland - Astoria

Strecke: 170 ms

Sehenswürdigkeiten:
Portland, die Stadt der Rosen, bietet einen 12 Meilen langen Scenic Drive, der an den wichtigsten Sehenswürdigkeiten vorbeiführt: downtown, Pioneer Courthouse Square, Front Avenue. Außerdem gibt es schöne Parkanlagen (Forest Park, Washington Park).
Astoria gefällt durch die viktorianische Altstadt, Flavel Mansion, City Hall und Astor Column (schöne Aussicht).

Übernachtung:
Fort Stevens State Park

9. Tag: Seaside - Newport

Strecke: 150 ms;
Seaside – Ecola State Park – Cannon Beach – Tillamook – Lincoln City – Newport

Sehenswürdigkeiten:
Seaside ist ein charmanter Badeort, während im *Ecola State Park* die Dünenlandschaft einen Besuch wert ist. *Cannon Beach* kann nicht nur mit einem Felsklotz namens »Haystack Rock« aufwarten, sondern auch mit einem sieben Meilen langen Strand. *Tillamook* bietet den Käsefreunden eine Menge, während Fisch-Fans in *Newport* das Oregon Coast Aquarium nicht versäumen sollten.

Übernachtung:
South Beach State Park

10. Tag: Cape Perpetua - Umpqua Lighthouse

Strecke: 80 ms;
Cape Perpetua – Florence – Oregon Dunes National Recreation Area – Reedsport – Umpqua Lighthouse

Sehenswürdigkeiten:
Cape Perpetua kann sich einer wunderschönen Küste und vieler Wanderwege rühmen – ideal fürs »whale watching«. Vor Ort informiert ein Visitor Center. In der Nähe zu besichtigen: Head Lighthouse, ein alter Leuchtturm und die Sea Lion Caves, eine Seelöwen-Kolonie. Für Naturfreunde eine Genuß: die Dünenlandschaft der *Oregon Dunes National Recreation Area*.

Übernachtung:
Umpqua Lighthouse State Park

11. Tag: North Bend - Brookings

Strecke: 140 ms;
North Bend – Coos Bay – Bandon – Gold Beach – Brookings

Sehenswürdigkeiten:
Landschaftlich sehr reizvoll, die Strecke führt durch eine herrliche Küstenlandschaft.

Übernachtung:
Gut und sicher steht man im *Harrie Beach State Park.*

12. Tag: Crescent City - Redwood National Park

Strecke: 70 ms

Sehenswürdigkeiten:
Im *Redwood National Park* lassen sich die höchsten Bäume der Welt besichtigen. Im Visitor Center erfährt mann alles über diese Baumgiganten. Zeit mitbringen für den Besuch.

Übernachtung:
Humbolt Lagoons State Park

13. Tag: Arcata - Fort Bragg

Strecke: 180 ms;
Arcata – Eureka – Garberville – Scotia – Humboldt Redwoods State Park – Fort Bragg

Sehenswürdigkeiten:
In *Arcata* bezaubern viktorianische, mit Erkern und Giebeln verzierte Redwoodhäuser (Architectural Homes Tour). In *Eureka* gefällt die Altstadt mit Carson House und Historic Old Town. Im *Humboldt Redwoods State Park* beginnt 8 Meilen nach Scotia die Avenue of the Giants. Die Fahrt durch den Redwoods-Wald läßt selbst das größte Wohnmobil als Kinderspielzeug erscheinen.

Übernachtung:
Mac Kerricher State Park

14. Tag: Mendocino - San Francisco

Strecke: 190 ms;
Mendocino – Manchester – Sea Ranch – Kruse Rhododendron State Park – Point Reyes National Seashore Park – Sausalito – San Francisco

Sehenswürdigkeiten:
Mendocino ist eine typische Touristenstadt, zeigt aber einige wunderschöne viktorianische Holzhäuser. Auch der Villenort *Sea Ranch* besticht durch seine interessanten Häuser. Der *Kruse Rhododendron State Park* bietet, wie der Name schon sagt, eine herrliche Vegetation und herrlich blühende Rhododendron-Büsche. Ein empfehlenswerter Spaziergang in der Nähe führt zu Fort Ross, einem ehemaligen russischen Außenposten. Infos bietet das Visitor Center, täglich geöffnet von 10.00 bis 16.30 Uhr.

Der *Point Reyes National Seashore Park* vermittelt Wissenswertes über den St. Andreas Graben, der Earthquake Trail verschafft einen Vorgeschmack von dem, was auf San Francisco zukommen könnte. Und dann hilft auch der Luxus von *Sausalito*, dem Villenvorort von San Francisco, nicht weiter.

Übernachtung:
auf der Höhe von Sausalito, in der Bay gelegen: *Angel Island State Park.*

Die letzten Riesen

Einmal wuchsen an der ganzen Küste von Oregon bis Südkalifornien die Redwoods oder Lebensbäume (lat: sequoia sempervirens). Sie überleben heute nur noch in einigen wenigen Nationalparks, sind sorgfältig geschützt, weil die Menschen sie sonst vernichten würden. Sie gelten als die ältesten Vegetationsformen der Welt. Ihren Stammbaum kann man über zig-Millionen Jahre zurückverfolgen. Ihren Namen verdanken sie ihrem rötlichen Holz. Dieses stößt Insekten ab, verrottet kaum und ist resistent gegenüber Schädlingen und Pilzen. Das dürfte auch der Grund sein, daß die Bäume so alt wurden. Die Bäume sind Flachwurzler, die sich weit ausbreiten, Felsen umklammern und sich mit anderen Wurzeln verzahnen. Das schützt sie gegen Wind und Wetter. Diese Riesen überstehen auch die Waldbrände, die bisweilen in den Wäldern wüten. Das Unterholz geht dabei zugrunde, die Baumkronen der Riesen dagegen ragen aus dem Qualm, können atmen und schöpfen neue Kraft. Viele der Giganten sind über 100 Meter hoch. Der längste zählt genau 112 Meter.

DER MITTLERE WESTEN

Indianer, Büffel und Mormonen

Von Salt Lake City zum Yellowstone. Indianerkultur gestern und heute.

Die heilige Stadt der Mormonen

Die heilige Stadt liegt in der Wüste, in flimmernder Hitze am Großen Salzsee. Es ist nicht das verheißene Land und trotzdem fließt Milch und Honig: Das Ergebnis harter Arbeit, die im Mormonenland und der heiligen Stadt Salt Lake City geleistet wurde (und wird).

Am Sonntagmorgen erleben wir im Tempelbezirk den Mormon Tabernacle Choir. Jeden Sonntag, genau um 9.30 Uhr, wird der Chor live aus Salt Lake City per Radio in ganz USA verbreitet. Er ist berühmt, er singt in erster Linie geistliche Musik.

Mittelpunkt der heiligen Mormonenstadt ist natürlich der Tempel, gebaut aus mächtigen Granitquadern. Natürlich besichtigen wir ihn und lassen uns aufklären über die Religion der Mormonen.

Wir besichtigen den Historic Temple Square, natürlich nicht allein, sondern mit Führung und natürlich in deutscher Sprache. Unsere Führerin kommt aus Dresden und arbeitet hier in der Mission. So erfahren wir Wissenswertes über die Mormonen und genießen einige Kapitel missionarisches Grundwissen in Reinkultur. Der Tempel mit den großen Granitquadern wurde 1853 bis 1893 erbaut. Er ist aber keine Kirche, wie man sie sonst kennt, sondern besteht aus lauter kleinen Zimmern, in denen individuelle Gespräche, Feierlichkeiten und Gottesdienste abgehalten werden. Jeden Tag werden in dem Tempel zwischen 100 und 1000 Hochzeiten abgehalten. Im Tabernacle, einem akustischen Wunderwerk, tritt der berühmte Chor auf. Und in der Assembly Hall werden Gottesdienste und Konzerte abgehalten.

Die Stadt ist übersichtlich, weil rechteckig angelegt. Sie wirkt aufgeräumt und sauber. Die Menschen, die man beobachtet, die man spricht, wirken glücklich und gelöst – eine heilige Stadt.

Über der Stadt ragt weithin sichtbar das State Capitol auf, ein protziger Bau mit Kupferkuppel.

Utah ist ein heiliger Staat, es ist der Mormonenstaat. Die Mormonen haben Staat und Stadt geprägt. Wo sich das am deutlichsten manifestiert: »This is the Place-Monument«. An dieser Stelle bezeichnete der Mormonenführer Young

Utah ist Mormonenstaat. So regieren die Mormonen vom Kapitol aus ihren Staat. Auch hier erleben wir ein Stück Mormonengeschichte.

Und nun stehen wir auf richtig historischem Grund. An dieser Stelle sprach der Mormonenführer Young: »This is the place!« und die Mormonen bauten ihre Stadt.

Wie das so alles zugegangen sein muß, kann man gleich gegenüber im Freiluftmuseum erleben. Dort stellen Mormonen in Gebäuden und in lebendigen Szenen die Zeit des Stadtaufbaus nach.

mit seinem Spazierstock das neue Jerusalem. Das ist der Platz. Und die Mormonen ließen sich am Salzsee nieder und kultivierten das Land mit unermüdlichem Fleiß. Neben dem Monument befindet sich ein Pionierdorf, in dem Mormonen in alten Trachten zeigen, wie sie den Staat gegründet haben.

Einer der Reichtümer des Staates kommt aus der Erde. Es ist faszinierend, die Kennecott Copper Mine zu besichtigen. Sie ist die größte Kupfermine der Welt und wir sehen ein terrassiertes, 800 Meter tiefes Loch. Dort unten fahren Monsterlastwagen und bringen Abraum weg.

Tradition spielt eine große Rolle in Amerika und besonders in Utah. Uniformen gehören dazu.

Die beste Übernachtungsmöglichkeit finden wir auf Antelope Island, eine Insel, die am Rande des Salzsees liegt. Ein mehrere Kilometer langer Damm verbindet die Insel mit dem Festland. Dort kann man in Ruhe campen und im Salzsee baden. Falls man die Ausdauer aufbringt, weit genug hinauszuwaten, wird feststellen, daß man tatsächlich nicht versinkt. Allerdings werden die meisten Badelustigen von den Myriarden von Mücken in die Flucht geschlagen, denen es anscheinend im Salzschlick gut gefällt.

Seinen Reichtum verdankt Salt Lake City unter anderem der Kennecott Copper Mine, der größten Kupfermine der Welt.

Es gibt einen einfachen Campingplatz mitten im Salzsee auf einer kleinen Insel. Über einen kilometerlangen Damm erreicht man sie.

Glutrot geht der Sonnenball hinter dem See unter.

Die Fahrt in den Norden führt durch fruchtbares Land. Die Mormonen haben den Ackerbau kultiviert. Überall sieht man üppig grüne Obstplantagen. Mit Hochachtung nehmen wir diese Leistung zur Kenntnis, denn sie ist wahrlich dem Boden abgerungen.

Vom Campingplatz hat man einen schönen Blick über den Salzsee. Tagsüber kann man sogar tief hineinwandern, abends begeistert der Sonnenuntergang. Nur die vielen Mücken sind leicht lästig.

Schnurgerade führt der Highway durch das Mormonenland. Die fleißigen Siedler haben es urbar gemacht.

Ogden und Brigham City liegen noch an den Ufern des Salzsees. Dann passieren wir die Grenze nach Idaho.

Durch Idaho zum Hell´s Canyon

Die Landschaft ist nicht aufregend. Aber der Freeway tröstet darüber hinweg. Man kann auch das Gaspedal durchtreten. Pocatello ist eine mittlere Stadt in Idaho, die wir schnell passieren. Erst bei Blackfoot verlassen wir den Freeway. Wir fahren nun durch eine eigentümliche vegetationslose Landschaft, die durch Lavafelder bestimmt ist. Das ist nur ein Vorgeschmack. Bei Arco biegen wir nochmals ab und kommen zum Craters of the Moon National Monument. Der vulkanische Basalt entstand, als flüssige Lava über die Erde strömte und verkrustete. Felskegel, Lavatunnel, Krater und Höhlen entstanden, ähneln einer Mondlandschaft. Mit Taschenlampen bewaffnet tauchen wir hinein in die geheimnisvolle dunkle Welt der Vulkane.

Bis Carey fahren wir noch durch die eintönige und doch reizvolle Lavalandschaft. Dann geht es bergan in die Sawtooth National Recreation Area. Fast übergangslos tauchen wir ein in Hochgebirgslandschaft: schneebedeckte Berggipfel, verträumte Bergseen, Tannen- und Fichtenwälder. Es ist ein Paradies für Wanderer.

Kurvenreich führt uns die enge Straße durch den Park. Bei Stanley halten wir uns westlich und es geht wieder talwärts.

Idaho City liegt schon fast wieder in der Ebene, eine alte Geisterstadt. Groß geworden in der Goldgräberzeit, dann vom Feuer zerstört, wieder aufgebaut und heute provinziell. Das erste Gefängnis in Idaho kann man dort besichtigen.

Boise ist die kaum bekannte Hauptstadt von Idaho. Das Capitol ist genauso pompös wie unattraktiv, wie eben viele Staatsbauten zur Jahrhundertwende es waren.

Das Tal ist fruchtbar, Ortsnamen wie Fruitland zeugen davon. Es folgt Dorf auf Dorf, nach Payette zweigen wir nach Norden ab. 150 Meilen weiter nördlich liegt der Hell's Canyon, ein nationales Erholungsgebiet. Wir stehen vor einem amerikanischen Rekord. Mit 2438 Metern Tiefe ist der Hell's Canyon die tiefste Schlucht der Welt. Den ersten Blick in die Schlucht haben wir vom 110 Meter hohen Hell's Canyon Dam. Aber so hautnah erleben kann man den Höllenschlund nur auf einer Fahrt im Jetboat. Wir fliegen über Stromschnellen, schaukeln an mächtigen Felsen vorbei, tauchen ein in die Gischt des Flusses. Schließlich können wir an einer geschützten Bucht ein erfrischendes Bad nehmen.

Weiter nordwärst: Enterprise in Oregon, Clarkston in Washington, dann Lewiston wieder in Idaho. Kein Mensch würde Lewiston besuchen, weil es in der Stadt nichts zu sehen gibt. Sie ist »nett« und ein wenig nichtssagend , eine typische amerikanische Provinzstadt.

Das Land ist freundlich und geradezu lieblich. Die Geschichte dagegen war alles andere als friedlich. Wir befinden uns im Stammesgebiet

Hell's Canyon ist die tiefste Schlucht der Welt: genau 2438 Meter tief.

So richtig erleben kann man die Schlucht auf einer Bootstour. Einen einheimischen Führer sollte man allerdings mitnehmen, denn so harmlos wie der Fluß hier erscheint ist er nicht überall.

der friedliebenden Nez Percé-Indianer. Es hätte ruhig bleiben können, wäre nicht bei Orofino 1860 Gold gefunden worden. So machten die weißen Abenteurer den Indianern das vertraglich zugesicherte Land streitig. Bei Clearwater kann man heute noch das Schlachtfeld von 1877 besichtigen. Inzwischen leistet man an den Indianern Wiedergutmachung – zumindest in kultureller Hinsicht: Bei Kamiah befindet sich ein Nez Percé National Historic Park, bei Cottonwood, etwas weiter im Süden, ebenfalls. Wer sich für Indianerkultur interessiert, sollte sich Zeit für einen Besuch nehmen. Indianerspuren führen auch durch den Clearwater National Forest. Die Straße führt am Lochsa River dahin. Heute dominiert hier die Holzindustrie. Die Erinnerung an die US-Kavallerie pflegt man im Historical Museum von Fort Missoula. Ein gutes Dutzend restaurierte Gebäude blieben erhalten. Die unscheinbare Stadt Missoula ist außerdem für starke Frauen und Männer bekannt. 1916 schickten die Bürger von Missoula die erste Frau in den US-Kongreß, noch ehe die Frauen überhaupt das Bundeswahlrecht besassen. Die harten Männer trainieren ihren Job als Smokejumper. Sie springen über den sommerlichen Waldbränden ab und versuchen, sie unter Kontrolle zu bringen. Im Visitor Center (11 km westl. Hwy.10) wird man über den gefährlichen Job informiert.

In Stevensville erinnert die Saint Mary's Mission an die erste katholische Missionsstation im Nordwesten. Die Indianer wurden mit Hingabe bekehrt und ausgebildet.

Im Land der Indianerkriege

Über Hamilton erreichen wir das Big Hole National Battlefield. Wir stehen auf grünen Hügeln. Hier hat 1877 eine Schlacht zwischen fliehenden Nez Percè und weißen Soldaten stattgefunden. Zwar gewannen die Indianer, aber sie hatten einen hohen Blutzoll zu beklagten. Demoralisiert rückten sie nach Norden ab und versuchten, die kanadische Grenze zu erreichen.

Butte macht einen fröhlichen Eindruck. Das liegt wohl am Reichtum der Minenbesitzer, den man hier deutlich sieht: Das Copper King Mansion wurde 1888 erbaut und zeugt mit seiner Pracht aus dieser Zeit. Sehr informativ ist das World Museum of Mining and Hell Roarin' Gulch, wo man die Arbeit in den Silber- und Kupferminen gut nachvollziehen kann. Sogar ein kleines Goldgräbercamp wurde nachgebaut.

Bozeman ist stolz auf das Museum of the Rockies. Livingston ist Eisenbahnstadt. Im Park County Museum wird davon berichtet. Big Timber ist eine cowtown, das heißt für uns: nichts los. Auch Billings ist eine cowtown, wenngleich eine etwas größere. Es gibt sogar einen Zoo und einen botanischen Garten.

Auch Hardin wäre nicht viel interessanter, gäbe es nicht das Big Horn County Historical Museum and Visitor Center. Hier erleben wir die Geschichte und Entwicklung des Landes – aus der Sicht der weißen Indianer. Die Crow-Indianer, die hier noch ihre Reservation haben, übernehmen nur Nebenrollen.

Südlich von Hardin liegt die Bighorn Canyon National Recreation Area, eine malerische Schluchtenlandschaft, die sich zwischen Pryor und Bighorn Mountains bilden konnte. Doch uns zieht es zu der lieblichen Ebene, die nur deswegen so attraktiv ist, weil hier einst eine große Indianerschlacht stattgefunden hat – und vielleicht auch, weil die Indianer unter ihrem Häuptling Sitting Bull, die weißen Eindringlinge unter Colonel Custer vernichtend schlagen konnten. Viel wurde schon darüber geschrieben, hier können wir uns unsere eigene Meinung bilden.

Geysire, Schlammlöcher, Bären und Büffel: Yellowstone

Genug der Vergangenheit. Wir nehmen den Highway 14 und dann den Highway 16 westwärts und kommen zum Höhepunkt der Reise: Yellowstone National Park. Er ist der älteste (1872) Nationalpark Ameri-

kas und der größte (9000 Quadratkilometer). Wir glauben ihm seinen vulkanischen Ursprung gerne; Geysire, blubbernde Schlammlöcher und sprudelnde Thermalquellen sind der beste Beweis. Genauso schön ist auch die Fauna. Dichte Wälder wechseln sich mit herrlichen Wiesen voller Wildblumen ab.

Der Yellowstone National Park ist für seine Geysire bekannt. Und auch wenn man viele Bilder gesehen hat, so kann man erst an Ort und Stelle die Schönheit und die Urgewalt dieser Geysire empfinden. Hohe Wasser- und Dampffontänen schießen in Abständen den Himmel, kleinere köcheln ständig vor sich hin.

Die Bären bleiben eher im Hintergrund, nur des nachts suchen sie auf den Campingplätzen nach Freßbarem. Ein Erlebnis der besonderen Art vermitteln die ruhig durch die Täler ziehenden Bisonherden. Die Büffel waren vom Aussterben bedroht und wurden des-

Wie die kleinen Städte auf dem Land aussehen? Ein Beispiel Afton in Wyoming. An der Hauptstraße orientiert sich das Leben. Dahinter liegen die schmucken Einfamilienhäuser. Und wenn eine Familie ausmistet, veranstaltet sie einen »yard sale«. Dann ist etwas los in der Stadt.

halb im Nationalpark besonders gehegt. Heute ziehen über 4000 Tiere vollkommen sicher ihres Weges. Zwei Loops führen durch den Park – und der Weg lohnt, nicht nur weil man auf Holzstegen zu den blubbernden Schlammlöchern laufen oder vor den Geysiren auf den Ausbruch warten kann. Die grandiose Landschaft läßt uns Menschen klein und verletzlich erscheinen.

Im Süden schließt sich der Grand Teton National Park an. Schöne Landschaft, Hochgebirge, Wälder und Seen – tolle Eindrücke, doch wir sind verwöhnt und haben das alles schon gesehen.

Also auf in den Süden: An der Grenze zwischen Utah und Wyoming windet sich die Straße durch Wälder und weite Ebenen. Wir überqueren die Wasatch Range, wie vor uns die Mormonen. Die hatten aber nur Pferdekarossen und steinige Pfade.

Unfruchtbar ist das Land und enttäuschend. Dann haben wir den Bergrücken überquert und ziehen hinunter in die Ebene. Jetzt ändert sich das Bild: Obstplantagen wechseln sich ab mit kleinen schmucken Häusern.

Nun wissen wir, wir sind wieder zurück im Mormonenland. Logan, Brigham City sind Mormonenstädte – und dann wartet wieder Salt Lake City.

Der Yellowstone geht im Süden in den Grand Teton über, ein Nationalpark, der nicht so bekannt ist. Wir erleben hier eine herrliche Gebirgswelt. Bei Wanderern ist die Region besonders beliebt.

Montana
Idaho
Wyoming
Anaconda
Butte
Townsend
Boulder
Toston
Ringling
Whitehall
Three Forks
Belgrade
Divide
Bozeman
Livingston
Yellowstone River
Missouri
Twin Bridges
Norris
Ennis
Jefferson River
Madison River
Gallatin R.
Big Sky
Lone Mtn. 3403
Emigrant
Dillon
Lima
Mammouth Hot Springs
Tower Junction
Cooke City
Granite Peak 3901
Mt. Holmes 3150
West Yellowstone
Yellowstone Nat. Park
Old Faithful
West Thumb
Yellowstone Lake
Pahaska
Sunlight Peak 3634
Island Park
Dubois
Ashton
St. Anthony
Howe
Terreton
Rexburg
Tetonia
Jackson Lake
Moran
Grand Teton Nat. Park
Grand Teton 4197
Teton Village
Jackson
Snake River
Idaho Falls
Swan Valley
Palisades
Moreland
Springfield
Blackfoot
Alpine
Bondurant
Ryegate
Lavina
Rapelje
Billings
Laurel
Columbus
Rockvale
Roscoe
Red Lodge
Bridger
Belfry
Pryor
Powell
Deaver
Lovell
Cody
Shoshone River
Frank's Peak 4009
Waskakie Needles 3815
Meeteeetse
Emblem
Greybull
Basin
Burgess Juction
Dayton
Ranchester
Sheridan
Decker
Bighorn Lake
Lodge Grass
St. Xavier
Hardin
Crow Agency
Busby
Little Bighorn Battlefield Nat. Mon.
Bighorn
Custer
Bighorn R.
Sanders
Forseyth
Yellowstone River
Colstrip
Brandenberg
Lame Deer
Ashland
Otter
Clearmont
Ucross
Powder River
Buffalo
Cloud Peak 4019
Ten Sleep
Worland
Winchester
Thermopolis
Bighorn River
Kaycee
Sussex
Midwes
Dubois
Crowheart
Gannett Peak 4207
Pavillion
Shoshoni
Moneta
Riverton
Powder River
15
90
94
25
287
89
191
87
212
310
20
14
16
26
91
189
ALT 14

Region:

Utah, Idaho, Montanta, Wyoming
Anfangs- und Endpunkt: Salt Lake City

Camperübernahme:

Salt Lake City

Größere Städte:

Salt Lake City

Nationalparks:

Craters of the Moon National Monument, Hell's Canyon National Recreation Area, Big Hole National Battlefield Historical Park, Yellowstone NationalPark, Little Bighorn Battlefield National Monument, Grand Teton NationalPark

Streckenlänge:

Fahrtstrecke in ms/km: 2020/3230

Empfohlene Reisedauer:

14 Tage

1. Tag: Salt Lake City

Strecke: 60 ms

Sehenswürdigkeiten:
Die Mormonenstadt *Salt Lake City* sollte man nicht versäumen. Eine der großen Attraktionen ist der *Historic Temple Square* (Temple und Tabernacle); jeden Tag ab 9.00 Uhr halbstündige Führungen. Der berühmte Tabernacle Choir kann man jeden Donnerstag um 20.00 Uhr bei einer öffentlichen Probe erleben. Jeden Sonntag um 9.30 Uhr findet von hier eine US-weite Rundfunkübertragung statt.
Vom 28. Stockwerk des *Church Office Building & Plaza* aus hat man einen wunderbaren Blick auf die Stadt; das Observation Deck ist Montag bis Freitag von 9.00 bis 16.30 Uhr geöffnet. Das *Utah State Capitol* ist jeden Tag von 6.00 bis 20.00 Uhr (im Winter von 8.00 bis 18.00 Uhr) geöffnet, Führungen finden statt. Außerdem sehenswert: das *»This is the Place«-Monument.* (An dieser Stelle bezeichnete Mormonen-Gründer Young mit seinem Spazierstock das neue Jerusalem, wo die Mormonen siedeln sollten: »Dies ist der Platz«. Einen Einblick in die Gründerjahre von Salt Lake City bietet der *Pioneer Trail State Park,* ein Freilutt-Museum mit lebendem Inventar.

Und daß die Stadt so prächtig gedeihen konnte, ist der *Kennecott Copper Mine* zu verdanken. Die größte Kupfermine der Welt ist von April bis Oktober täglich geöffnet.

Übernachtung:
diverse private RV Parks oder *Antelope Island*, eine durchaus sehenswerte Insel mitten im Salzsee.

2. Tag: Ogden -Craters of the Moon

Strecke: 270 ms;
Ogden – Brigham City – Malad City – Pocatello – Blackfoot – Arco – Craters of the Moon National Monument

Sehenswürdigkeiten:
In *Pocatello* lohnt der Besuch des Idaho Museum of Natural History. Täglich geöffnet von 9.00 bis 17.00 Uhr, sonntags ab 12.00 Uhr; Naturfreunde kommen beim *Craters of the Moon National Monument* voll auf ihre Kosten. Es warten Vulkangestein, Grotten, Höhlen und unterirdische Gänge. Infos gibt´s im Visitor Center, täglich geöffnet von 8.00 bis 16.30 Uhr, im Sommer bis 20.00 Uhr.

Übernachtung:
Stellplätze im Nationalpark.

3. Tag: Carey – Sawtooth National Recreation Area

Strecke: 130 ms

Sehenswürdigkeiten:
Die Hochgebirgswelt der *Sawtooth National Recreation Area* gehört zweifelsohne zu den Höhepunkten dieser Tour, die »Recreation Area«, das ausgewiesene Schutzgebiet, ist ein gut erschlossen. Bei Gegenverkehr kann es auf der engen Straße recht eng werden.

Übernachtung:
Gute Übernachtungsmöglichkeiten in der Recreation Area.

4. Tag: Stanley – Hell's Canyon

Strecke: 220 ms
Stanley – Idaho City – Boise – Payette – Hell's Canyon Recreation Area

Sehenswürdigkeiten:
Boise ist die Hauptstadt von Idaho und wirkt dennoch sehr provinziell. Wer unbedingt hier Station machen will, kann sich das Idaho State Capitol antun, geöffnet Montag bis Samstag von 8.00 bis 17.00 Uhr, mit Führungen. Interessanter ist die *Hell's Canyon Recreation Area*, eine Erholungsgebiet, das die tiefste Schlucht der Welt aufzuweisen hat. Kann per Jetboat bezwungen werden. Bademöglichkeit.

Übernachtung:
Stellplätze im *Hell's Canyon Recreation Area.*

5. Tag: Enterprise – Clearwater

Strecke: 240 ms;
Enterprise – Clarkston – Lewiston – Orofino – Kamiah – Kooskia – Clearwater – Abstecher nach Cottonwood – Kooskia – Lowell – Clearwater National Forest

Sehenswürdigkeiten:
Orofino ist ein Goldgräberort; die Gier nach Gold führte zum Untergang der Nez Percé, wie im Nez Percé National Historic Park von *Kamiah* nachzuvollziehen ist. In dem Zusammenhang spielt auch *Clearwater* eine große Rolle, auf dem dortigen Schlachtfeld (Battleground) wurde letztlich ihr Ende besiegelt.

Übernachtung:
Wildernes Gateway bietet sich als Standplatz für die Nacht an.

6. Tag: Missoula – Big Hole

Strecke: 160 ms
Missoula – Stevensville – Hamilton – Big Hole National Battlefield Historical Park

Sehenswürdigkeiten:
Missoula gewinnt durch das rekonstruierte Fort (Historical Museum) für die Freunde des Wilden Westens an Attraktivität. Der Abstecher zum *Flathead Lake* lohnt wegen der prächtigen landschaftlichen Umgebung; in *Stevensville* läßt sich die Saint Mary's Mission besichtigen. Das Schlachtfeld im *Big Hole National Battlefield Historical Park* sah den letzten Sieg der Nez-Percé-Indianer.

Übernachtung:
May Creek ist in der Nähe von Big Hole und daher gut geeignet.

7. Tag: Butte – Livingston

Strecke: 180 ms;
Butte – Bozeman – Livingston

Sehenswürdigkeiten:
Butte ist eine Stadt, die den Silber-, Kupfer- und Goldminen seinen Reichtum verdankt. Das Copper King Mansion zeugt davon, während man im World Museum of Mining and Hell Roarin' Gulch viel über die Arbeit unter Tage damals erfährt. *Bozeman* wartet mit dem Museum of the Rockies auf, *Livingston* mit einem Eisenbahn-Museum.

Übernachtung:
Kaum anzunehmen, daß *Mallard's Rest* seinen Namen der berühmten britischen Lokomotive verdankt,

viel eher dürften die Stockenten (»Mallard«) Pate gestanden haben. Jedenfalls läßt sich dort prima ruhen.

8. Tag: Big Timber – Custer Battlefield

Strecke: 170 ms;
Big Timber – Billings – Hardin – Bighorn Canyon National Recreation Area – Custer Battlefield National Monument

Sehenswürdigkeiten:
An Sitting Bulls größten Sieg erinnert das *Custer Battlefield National Monument Battlefield*. In einem Informationszentrum geben weiße und indianische Parkangestellte ausführliche Berichte aus unterschiedlicher Sicht. Damit kann man sich selbst ein gutes historisches Bild machen. Das National Monument ist bestens erschlossen, unter anderem mit genauen historischen Markierungen und Erläuterungen. In den Sommermonaten großer Touristenandrang.

Übernachtung:
Nachteil für Camper: Es gibt keinen State Park, der eine Übernachtung erlauben würde, also müssen private Plätze gesucht werden.

9. – 12.Tag: Lodge Grass – Yellowstone

Strecke: 240 ms (+ 140 ms im Park);
Lodge Grass – Dayton – Greybull – Cody – Yellowstone National Park

Sehenswürdigkeiten:
Mit dem, was der *Yellowstone National Park* bietet, lassen sich ganze Bibliotheken füllen. Daher nur einige Highlights im Telegrammstil: Geysire, Schlammlöcher, Thermalquellen, Wälder, Seen, Gebirge, Bären und Büffel. Das obligatorische Visitor Center hält jede Menge Informationen bereit. Geöffnet von 8.00 bis 18.00 Uhr. Für den Park selbst sollte man mindestens zwei Tage einplanen, rund 140 Meilen kommen gut und gerne zusammen, wenn man die schönsten Ecken des Yellowstone erkunden möchte.

Übernachtung:
Diverse Campingplätze im Yellowstone National Park stehen zur Verfügung.

13. Tag: Grand Teton National Park – Jackson

Strecke: 130 ms

Sehenswürdigkeiten:
Ganz anders als der Yellowstone, aber auch ungeheuer reizvoll (wenn auch im direkten Vergleich keine Steigerung): der *Grand Teton*

National Park , eine grandiose Hochgebirgslandschaft.

Übernachtung:
Palisades Reservoir Alpine: schöne Stellplätze, tolle Landschaft.

14. Tag: Affon - Salt Lake City

Strecke: 260 ms;
Affon – Geneva – Border – Sage Creek Jct. – Logan – Brigham City – Salt Lake City

Sehenswürdigkeiten:
Unsere Rundfahrt begann und endet im Mormonenland. Vielleicht am typischsten für die Städte und das Geschick bei der Urbarmachung des Landes sind die Obstplantagen bei *Brigham City*.

Übernachtung:
Für die Übernachtung stehen diverse private RV Parks oder das bereits bekannte *Antilope Island* zur Verfügung.

Yellowstone: Wo Bisons grasen und Geysire sprühen

Der Yellowstone ist einer der bekanntesten Nationalparks der USA. Er ist nicht nur der flächenmäßig größte, sondern auch der historisch bedeutsamste. Die Berichte von Trappern fanden im weit entfernten Washington solche Aufmerksamkeit, daß bereits im Jahr 1872 das Gebiet, das erste Mal in der Welt, als Naturschutzrefugium unter die Aufsicht des Staates gestellt wurde. Das ist um so bemerkenswerter, als zu dieser Zeit kaum ein Weißer in die Region der Geysire vorgedrungen war. Hier ging Sitting Bull auf Bisonjagd und versteckten sich die Nez-Percè-Indianer vor der amerikanischen Armee.
Heute besuchen jährlich über 2,5 Millionen Besucher den Park und erfreuen sich in dem Märchenland von 250 aktiven Geysiren, heißen Quellen, zahlreichen Wasserfällen, Schlammvulkanen und schneebedeckten Bergen. Hinzu kommen noch viele Wildtiere, die man in freier Natur beobachten kann. Am imposantesten sind die Bisonherden, die an den Geysiren vorbeiziehen, langsam, majestätisch, gewaltig.
Die Tiere haben hier ein sicheres Refugium gefunden und können sich prächtig entwickeln. Das war nicht immer so. Die Bisons waren schon fast ausgestorben, ehe man sie unter Schutz stellte und neue Familien in der Wildnis aussetzten. Heute kann man die Herden wieder beobachten, ebenso Elche und Wapitihirsche, Kojoten, Pumas und Dickhornschafe. Kein Zweifel: Der Yellowstone ist und wird immer einer der faszinierenden Parks der USA sein.

Die letzte Indianerschlacht

Über Montana hängt ein Himmel voller Haufenwolken. Sie bieten die beste Kulisse. Da wirbeln die Hufe von Kavalleriepferden Staub auf, in diesem schützenden Schleier erreichen die Wagenkolonne der Siedler mit knapper Not das rettende Fort. Das Kriegsgeschrei der Indianer, die Adlerfedern und bemalten Gesichter im Gegenlicht sind eindrucksvoll und fast authentisch. Wir befinden uns an dem Ort, an dem die Indianer ihre letzte Schlacht gegen den weißen Mann kämpften und ausnahmsweiße gewannen. Es war aber nur der Auftakt zu dem tragischen Ende, das mit dem Massaker an Wounded Knee besiegelt wurde.
Als an diesem Nachmittag General George Armstrong Custer über dem Büffelgras niedersinkt und Crazy Horse trumphiert, klatschen die Touristen auf den Rängen höflich Beifall. Selbstverständlich singen Sieger und Besiegte abschließend die amerikanische Nationalhymne.
Die nachgestellte Schlacht am Little Big Horn ist zu einer neuen amerikanischen Tradition geworden. An den Wochenenden in der Touristensaison reitet Custer am Samstag und Sonntag immer wieder in sein Verderben. Die Vorstellungen besuchen immerhin bis zu zweitausend Eintritt zahlende Zuschauer. Die Show zählt zu den »hundert größten Attraktionen«. Und sie ist wirklich beeindruckend. Die Nachkommen der einstigen Siebten Kavallerie und Crow-Indianern aus dem nahen Reservat sind die Akteure.
Die Vorführung ist mit viel Feingefühl inszeniert.
Das Schlachtfeld selbst ist nicht besonders attraktiv. Eine Wiese eben. Die Spiele von Montana sind nicht nur unterhaltsame Geschichte, sondern auch Aufbereitung der Vergangenheit.
Custer wurde mit 23 Jahren als Held der Nordstaaten im Bürgerkrieg zum jüngsten General in der Geschichte des Landes befördert und ist auch über 100 Jahre nach seiner mysteriösen Niederlage noch immer eine schillernde Figur. Was an jenem 25. Juni 1876 genau geschah und warum, ist noch immer nicht hinreichend geklärt. Nur das Ergebnis ist unbestritten: Nach einer harten Schlacht starben 268 Soldaten und Offiziere der Siebten Kavallerie, Custer eingeschlossen, ebenso etwa vierzig Sioux und Cheyenne. Warum Custer sein Regiment in drei Gruppen aufteilte und so sein Todesurteil selbst fällte, bleibt rätselhaft. Und Augenzeugen gab es keine. Der originale Schauplatz der Schlacht mit den Gräbern Custers und den Soldaten des Siebten Kavallerie-Regiments liegt etwa 20 Kilometer südlich von Hardin um das Little Big Horn National Monument.

ANHANG

Reiseinformationen

Wo erhält man weiter Informationen über das Reiseziel?

Die ersten Informationen besorgt man sich über das amerikanische Fremdenverkehrsbüro in Frankfurt. Von diesem Büro erhält man Broschüren, die einen Überblick über den Westen der USA ermöglichen:

Fremdenverkehrsamt der USA
Bethmannstraße 56
60311 Frankfurt
Tel. 069-295211

Zu detaillierten Unterlagen verhelfen die Toursimusbüros der einzelnen Bundesstaaten:

Arizona:
Arizona Office of Tourism
1100W. Washington St.
Phoenix, AZ 85007

Wilde & Partner
Romanstr. 64, 80639 München
Tel. 089/179190-0, Fax 089/17919099

Kalifornien:
California Office of Tourism
P.O.Box 9278
Van Nuys, CA 91409

Colorado:
Colorado Travel Marketing
6043 23rd Street Road
Greeley, CO 80634

Colorado Tourism Board
P.O.Box 38700
Denver, CD 80238

Idaho:
Idaho Travel Council
State Capitol Building, Room 108
Boise, ID 83720

Montana:
Travel Montana
Department of Commerce
1424 9th Avenue
Helena, MT 59620

Nevada:
Nevada Commission of Tourism
600 East William Street
Capitol Complex
Carson City, NV 89710

New Mexico:
Department of Tourism
Lamy Building, 491 Old Santa Fé Trail
Santa Fé, NM 87503

New Mexico Travel Division
Joseph Montoya Building
1100 St. Francis Drive
Santa Fe, NM 87503

Oregon:
Oregon Economic Development
Department Tourism Division
595 Cottage Street NE
Salem, OR 97310

Utah:
Utah Travel Council
Council Hall, Capitol Hill
Salt Lake City, UT 84114

Washington:
Washington State Department of
Trade and Economic Development
Tourism Division
101 General Administration
Building, AX-13
Olympia, WA 98540-0613

Wyoming:
Wyoming Travel Commission
I-25 at College Drive
Cheyenne, WY 82002

Montana, Wyoming, Idaho:
Rocky Mountains International
c/o Wiechmann Tourism Services
Scheidswaldstr. 73, 60385 Frankfurt
Tel. 069/446002, Fax 439631

Ankunft/Einreise

Für einen Aufenthalt bis zu 90 Tagen genügt ein gültiger Reisepaß; ein Visum ist nicht mehr erforderlich, aber dennoch empfehlenswert, da man sonst u.U. bei der Einreise zurückgewiesen werden kann, ohne auch nur das Recht auf eine Anhörung zu haben. Das Risiko ist gering, aber sollte es passieren, ist natürlich der komplette Urlaub dahin.
Große Hotels bieten einen kostenlosen Abhol-Service vom Flughafen, den man über Telefone im Terminal anfordern kann.

Anreise

Vorteilhaft sind Flüge mit einem Stop-Over, da sie es erlauben, ohne zusätzliche Flugkosten auch andere Städte zu besuchen.
Die Gesellschaft Delta Air Lines fliegt z.B. über New York in den Westen der USA.
Information und Buchung:
Delta Air Lines, Buchungszentrale
Tel. 0180/3337880

Geld

Etwas Bargeld in US-Dollar sollte man bereits bei der Einreise in der Tasche haben. Ausländische Währungen – auch D-Mark und Schweizer Franken – werden von vielen Banken in den USA nicht ohne weiteres umgetauscht. Hingegen werden Kreditkarten – besonders Euro/Master-Card und Visa – sehr verbreitet akzeptiert, und mit Dollar-Reiseschecks kann man vielerorts bezahlen wie mit Bargeld.

Reisezeit

Der Sommer (Anfang Juni bis Anfang September) ist in den Wüsten extrem heiß, viele Nationalparks sind dann überlaufen und Hotels müssen lange im voraus reserviert werden. Die schönsten Monate in den Wüsten sind März bis Mai, wenn die Kakteen blühen. Man kann diese Regionen aber auch im Winter besuchen. In den Bergen sind im Oktober die Wälder herrlich gefärbt, es kann aber auf den hohen Pässen bereits schneien. Manche Paßstrecken sind ab Anfang November gesperrt.

Sightseeing-Flüge

Eine faszinierende Möglichkeit, den Westen aus der Luft kennenzulernen, bieten Rundflüge z.B. über dem Grand Canyon und anderen Nationalparks. Eine große Auswahl verschiedener Flüge – darunter auch ausgedehnte Rundflüge kombiniert mit Boden-Arrangements – bietet:
Scenic Airlines
Information und Reservierung:
Scheidswaldstr. 73, 60385 Frankfurt
Tel. 069/446002, Fax 069/439631
E-mail: info@wiechmann.de
Internet: http\\www.wiechmann.de

Trinkgeld

In den USA verdienen Kellner, Bartender und andere Dienstleistungsberufe ihren Lebensunterhalt durch das Trinkgeld. Es ist daher meist keine zusätzliche Anerkennung, wie bei uns, sondern wird erwartet. Im Restaurant sind 15–20 % des Nettobetrages üblich, die man nach dem Bezahlen der Rechnung auf den Tisch legt oder beim Bezahlen mit Kreditkarte in die eigens dafür vorgesehene Spalte einträgt. Gibt man weniger, ist dies ein klares Zeichen, daß man mit dem Service unzufrieden war. An der Bar läßt man etwas Kleingeld auf dem Tresen liegen. Der Zimmerservice im Hotel erhält gewöhnlich $ 1–2 pro Tag, der Hotelangestellte, der Ihre Koffer aufs Zimmer bringt bekommt $ 1–2 pro Gepäckstück. Taxifahrer erwarten 10–20 % des Fahrpreises.

Wohnmobile

Wohnmobile sollte man unbedingt schon vor der Abreise reservieren (für die Hauptsaison sehr frühzeitig). Eine große Auswahl verschiedener Modelle und zahlreiche Vermietstationen in allen großen Städten der USA bietet Cruise America.

Informationen:
Cruise America, Inc.
Attn: Sherri Brock
11 West Hampton Ave.
Mesa, Arizona 85210
Tel. 1-800-327-7799 (innerhalb der USA kostenlos)
Internet: www.cruiseamerica.com

Reservierungen ab Deutschland u.a. über den Amerika-Spezialisten
Pioneer Reisen
Steubenstr. 7, 72379 Hechingen
Tel. 07471/6962, Fax 07471/13553